진화와 협력

고전으로 생각하다

더불어 고전 읽기 3

진화와 협력

고전으로 생각하다

수유너머N 글 ｜ 박정은 그림

너머학교

진화론으로 살펴보는 경쟁과 협력

다른 사람과 협력하는 것이 중요하다고들 합니다. 집에서도, 학교에서도, 다른 친구들과 사이좋게 지내면서 협력하라는 이야기를 심심찮게 듣습니다. 이렇게 사람들이 협력을 강조하는 것은, 협력보다는 경쟁이 우리 삶에서 더 두드러져 보이기 때문입니다.

당장 학교에서 친구들과 성적을 두고 경쟁해야 합니다. 그냥 열심히 공부하면서 선생님이 알려 주는 내용을 잘 이해하면 되는 거 아니냐고요? 그러면야 더할 나위 없이 좋겠지만, 성적이 대학 입시의 기준이 되면 경쟁은 불가피합니다. 모두가 좋은 대학에 가길 원하지만, 입학 정원은 한정되어 있어서 남들보다 잘하는 학생만 입학할 수 있으니까요. 학과 공부 내용을 얼마나 잘 이해했느냐보다, 시험의 결과로 매겨진 상대적 서열이 더 큰 영향을 미친다는 말입니다. 우리는 그 서열의 사다리에서 더 높은 곳에 서기 위해 피나는 노력을 기울이지요.

대학 들어가면 이런 경쟁이 끝일까요? 아쉽게도 그렇지 않습니다. 이번에는 한정된 직장을 둘러싸고 경쟁합니다. 충분한 연봉과 혜택이 보장된 일자리는 많지 않고, 그 일자리를 원하는 사람은 많습니다. 기업은 자신들이 원하는 능력과 자질을 좀 '더' 잘 갖춘 사람을 뽑을 것입니다. 우리는 기업의 마음에 들기 위해, 남들보다 조금이라도 더 나은 스펙을 갖추기 위해 안간힘을 써야 합니다.

이런 과정은 적잖은 긴장과 스트레스를 낳습니다. 수능이 다가올수록 고3 교실에는 묘한 기운이 감돕니다. 함부로 떠들거나 장난치기 힘든 분위기가 되지요. 대기업 입사를 위한 스펙 경쟁은 그보다 더했으면 더했지 덜하지 않습니다. 남들보다 더 잘해야 한다는 생각에 절로 몸에 힘이 들어가고 때로는 밤잠을 설칠 만큼 마음에 부담이 생깁니다.

하지만 경쟁은 동시에 좋은 성과를 가져옵니다. 정확히 말해, 많은 사람들이 이런 긴장과 스트레스가 좋은 결과를 가져올 것이라 믿고 있습니다. 누구에게나 공부는 지겨운 일입니다. 적어도 노는 것보다는 지겹죠. 그래서 온전하게 자발적으로 입시 공부를 하거나, 심심해서 취직을 위해 노력하는 일은 거의 없지요. 하지만 입시 경쟁이나 취업 경쟁이 주는 긴장 덕분에 사람들은 나태함을 극복합니다. 뒤처져서 대학에 못 가고 취직에 실패할지도 모른다는 공포 때문에 사람들이 자신을 넘어서는 것이지요. 기업들도 마찬가지입니다. 돈을 벌기 위해서는 다른 기업보다 '더 좋은' 상품을 만들어 내야 합니다. 그렇지 않으면 사람들이 그 기업의 상품을 외면할 것이고, 그러면 망할지도 모릅니다. 그 긴장 때문에 기업들은 더 좋은 상품을 개발할 수 있습니다.

경쟁이 큰 긴장과 스트레스를 낳음을 알지만 어쩔 수 없는 일이라 생각하는 것은, 그래서 가끔은 고통스러운 경쟁을 사람들에게 권장하기도 하는 것은, 아마 이 때문일 것입니다. 그 고통 끝에 좋은 일이 있을 것이라 믿고 있다는 말입니다.

그런데 정말 그럴까요? 지금 당장은 경쟁이 고통스러울지 몰라도, 결국에는 좋은 결과를 만들어 내는 것일까요? 꼭 서로가 서로를 이기기 위해 노력해야만 자기를 넘어설 수 있는 것일까요? 경쟁이 늘 아름다운 모습만 만들어 낸다면 문제가 없겠지만, 때로 경쟁은 슬픈 결과로 이어집니다. 입시 경쟁 때문에 친구 사이가 각박해지는 것은 차라리 사소한 문제일지도 모릅니다. 때로 그 스트레스를 이기지 못해 아예 학교를 떠나 버리는 일도 있지요. 기업들의 치열한 경쟁이 늘 더 나은 상품 생산으로만 이어지면 다행이지만, 때로는 돈만 벌면 된다는 생각으로 소비자 건강을 고려하지 않은 상품을 만들어 내거나, 더 낮은 가격을 책정하기 위해 근로자가 쉬지 않고 일하도록 닦달하는 경우도 있습니다.

이런 경쟁의 악영향 때문에, 사람들은 협력을 권장하고 가르칩니다. 하지만 이게 생각보다 쉽지 않습니다. 협력은 좀처럼 발생하기 어려운 것 같습니다. 우리는 남보다 나 자신을 위하고 챙기는 일에 익숙합니다. 친구가 잘되면 좋겠지만, 나 자신이 편안하고 풍

요로운 삶을 사는 것을 더 중요하고 절박하게 여기곤 합니다. 심지어 남들에게 피해를 끼쳐 가면서 나 자신의 편안함을 찾으려 하는 사람도 적지 않습니다. 인간들은 이기적인 것 같고, 협력은 일어나기 힘든 것 같습니다.

어찌어찌 협력을 만들어 냈다 해도 고민이 끝나지 않습니다. 거꾸로 협력이 문제를 만들어 내는 경우도 적지 않기 때문입니다. 협력은 타인을 돕는 아름다운 모습에서만 나타나는 것이 아닙니다. 교실에서 일어나는 '왕따'도 높은 수준의 협력을 동반하지요. 못된 친구들은 서로 긴밀히 협력하여 한 사람을 교묘하게 괴롭히고, 그것이 알려지지 않도록 은폐합니다. 협력이 일어나서는 안 되는 사이도 있습니다. 예를 들어 어떤 기업의 운영자와, 그 기업을 감시하고 관리해야 할 정부 공무원이 부적절하게 '협력'하게 되면 어떤 일이 생길까요? 기업이 감시나 관리를 느슨하게 해 달라는 '협력'의 손길을 뇌물과 함께 내밀고 그것을 정부 공무원이 받게 되면, 다른 기업이나 소비자가 큰 피해를 볼 수 있습니다.

협력은 어떤 조건에서 가능한가? 경쟁은 어떤 때에 나쁜 결과를 내놓는가? 협력도 경쟁처럼 좋은 성과를 내놓을 수 있는가? 수많은 학문들이 이런 질문에 답하기 위해 노력해 왔습니다. 친구들과 함께 어우러져 행복하게 사는 것은 우리 모두가 가진 소망이기 때문입니다. 경쟁이나 협력은 이를 가능하게 하는 대표적인 방법들이니, 여러 학문의 관심과 주목을 받은 것은 오히려 당연하지요.

그중 보다 근원적인 차원에서 협력과 경쟁에 대해 답을 하려 애쓴 학문이 있습니다. 진화론이 그것입니다.

진화론은 과거 단세포생물에서 지금의 다양한 생물들에 이르기까지의 과정을 탐구하는, 다시 말해 종의 형성과 변화를 탐구한 학문입니다. 진화론이 왜 경쟁과 협력이라는 주제에 관심을 기울였을까요? 바로 경쟁과 협력이 진화를 이끌어 온 중요한 동력이기 때문입니다. 단세포 시절부터, 생명은 때로 서로 경쟁하고 때로 협력하면서 여러 변화를 만들어 왔습니다. 그 결과는 좁게는 자기 자신의 생존과 번식에서부터, 넓게는 종의 변화와 진화에까지 이릅니다.

진화론은 협력과 경쟁을 둘러싼 우리의 고민에 중요한 참조점이 됩니다. 진화론이 좀 더 넓은 시야에서 심층적으로 협력과 경쟁을 다루기 때문입니다. 크게 두 가지 면에서 그렇습니다. 첫 번째로 진화론은 우리가 가진 행동 양식과 심리적 특성이 어떤 과정을 통해 형성되어 왔는지를, 즉 우리 존재의 '역사'를 다룹니다. '진화심리학'이라는 학문에 따르면, 인간이 지닌 행동과 마음의 특징은 과거 우리 조상이 마주쳤던 여러 문제를 해결하기 위해 만들어진 것입니다. 예를 들어 현대사회에서는 뱀보다 자동차가 인간 생명에 훨씬 위협적이지만, 우리는 자동차보다 뱀을 본능적으로 더 무서워하지요. 그것은 뱀과 마주치고 이를 피하기 위해 노력했던 우리 선조들의 오랜 역사 때문입니다. 뱀을 피해야 했던 시간은 수십만 년에 이르지만 자동차는 고작해야 130년 전쯤에 등장했음을 염두에 둔다면, 달리는 자동차는 무심하게 바라보지만 뱀을 보고는 불안해지는 것이 그리 이상한 일은 아닙니다. 진화론은 이처럼 과거를 돌아봄으로써, 현재의 우리가 왜 특정 상황에서 경쟁이나 협력 같은 행동 양식을 선택하는지 설명해 줄 수 있습니다.

두 번째로 진화론은 인간만을 바라보는 것이 아니라, 인간을 포함한 동물을, 나아가 생명 전체를 다룹니다. 인간은 분명 특이한 존재이지만, 결국 더 큰 생명 집단의 일부입니다. 우리 행동과 마음은 전체 생명 집단을 이해할 때에 비로소 좀 더 정확히 알 수 있습니다. 진화론은 인간을 포함한 여러 동물이 어떻게 경쟁과 협력을 진화시켜 왔는지 탐구하고, 인간은 그중에서 어떤 특이한 점을 가졌는지 살핌으로써, 경쟁과 협력을 설명하는 좀 더 넓은 시야를 갖추도록 도와줍니다.

이 책은 이런 진화론의 지혜를 빌려 경쟁과 협력을 살펴볼 것입니다. 진화론은 인간을 포함한 생물들이 과거부터 어떻게 경쟁과 협력을 실천했는지, 그 과정에서 어떤 문제에 봉착하고 어떻게 해결해 왔는지 알려 줍니다. 이는 지금 우리가 마주한 여러 문제를 해결하는 데에도 큰 도움이 될 수 있습니다. 이를 위해 진화론의 관점에서 경쟁과 협력을 설명하는 몇 가지 주요한 책과 이론을 살펴보려 합니다.

우선 1장에서는 리처드 도킨스의 『이기적 유전자』를 중심으로

'포괄적 적합도 이론'이라는 시각에서 살펴본 경쟁과 협력에 대해 이야기할 것입니다. '이기적 유전자'라는 제목만 보면 이기심과 경쟁만을 다룰 것 같지만, 이 책은 여러 동물들의 협력을 설명하는 것을 주된 내용으로 합니다. 다만 그런 협력이 유전자 차원의 이익을 극대화하기 위한, 말하자면 유전자의 이기심을 반영한 것이라는 주장이지요.

2장에서는 로버트 액설로드의 『협력의 진화』를 중심으로 친족이 아닌 개체들 사이에 협력이 가능한지를 살펴봅니다. 사실 도킨스에 따르면, 협력은 나와 비슷한 유전자를 가진 친족들 사이에서만 가능합니다. 친족은 나와 유사한 유전자를 지니고 있기에, 친족의 생존과 생식도 고려하는 편이 내 유전자가 퍼지는 데 이익이기 때문입니다. 하지만 우리는 유전자를 공유하지 않은 비친족이나, 아예 종이 다른 생명체들 사이의 협력을 심심찮게 목격합니다. 흡혈박쥐들이 친족이 아님에도 피를 나눠 먹는 모습이나, 피가 섞이지 않은 인간들이 집단을 이루고 서로 협력하는 것이 좋은 예입니다. 액설로드는 이처럼 서로 아무것도 공유하지 않은 이들 사이의 협력이 어떤 조건에서 만들어지는지를 컴퓨터 프로그램을 이용한 실험을 통해 설명합니다.

3장에서는 엘리엇 소버와 데이비드 슬로안 윌슨의 『타인에게로』를 중심으로 '다수준 선택론'이라는 시각에서 협력을 살펴봅니다. 액설로드의 논의는 혈연이 없는 개체들 사이에서 협력의 가능성을 열었지만, 이는 한정적인 영역만을 다룹니다. 액설로드가 설정하는 상황은 기본적으로 협력을 하면 자신에게도 이익이 되는 상황이기 때문입니다. 그러면 나에게는 이익이 되지 않거나 심지어 손해가 나는 상황에서도 협력이 일어날 수 있을까요? 이 책에서 소버와 윌슨은 그것이 가능하다고 말합니다. 순수하게 타인을 위한 마음이나 행동이 가능하며, 진화 과정을 통해 집단에 퍼질 수도 있다는 말이지요.

4장에서는 로버트 프랭크의 『경쟁의 종말』이라는 책으로 경쟁의 실제 효과에 대해 살펴봅니다. 로버트 프랭크는 경제학자인데요, 그는 다윈의 아이디어를 빌려 경쟁과 협력에 대해 많은 이야기를 합니다. 『경쟁의 종말』의 원래 제목은 Darwin's economy(다윈의 경제학)입니다. 사실, 협력이 가능하다고 해서 무조건 협력을 해야 하는 것은 아닙니다. 오히려 앞에서 말한 것처럼 경쟁이 효율과 성과를 낳는다면, 좀 힘들고 괴롭더라도 경쟁을 유지할 필요가 있지요. 하지만 로버트 프랭크에 따르면 경쟁이 항상 좋은 결과를 가져오는 것은 아닙니다. 경쟁이 제대로 작동하지 못해 부작용을 일으키는 것을 넘어, 경쟁 자체가 특정 조건에서는 필연적으로 나쁜 결과를 만들기도 한다는 말입니다.

마지막으로 5장에서는 린 마굴리스의 『공생자 행성』을 중심으로 '공생 진화'에 대해 알아보겠습니다. 아무리 문제가 있다 한들, 오로지 경쟁만이 혁신과 변화를 낳는다면, 경쟁은 불가피합니다.

부작용은 줄여야겠지만, 경쟁이 효과적으로 일어나도록 하는 게 바람직하겠지요. 하지만 마굴리스는 다른 각도로 생명의 역사를 살펴봄으로써 경쟁만이 혁신과 변화로 이어지는 유일한 길이 아님을 알려 줍니다. 서로 다른 개체가 서로의 필요를 채우기 위한 협력하고 공생한 것이 큰 혁신과 변화를 만들어 내기도 했지요.

이 다섯 권의 책과 거기에 실린 이론들은 진화론의 장점을 살려 경쟁과 협력의 중요한 측면을 설명하고 있습니다. 물론 이 외에도 진화론의 시각에서 경쟁과 협력을 설명하는 다양한 이론과 책들이 있습니다. 그중에서 굳이 이 다섯 가지를 선택한 이유는, 이들이 진화론의 관점에서 경쟁과 협력을 살폈을 때 생길 수 있는 의문과 쟁점을 잘 드러낸다고 생각했기 때문입니다. 다섯 개의 장에서 살펴볼 이론들은 때로는 서로를 비판하고 때로는 서로를 보충합니다. 이들의 이야기를 따라가면서 각각의 이론이 설명하려 했던 바를 곰곰이 고민해 본다면, 경쟁과 협력을 폭넓게 이해하는 것은 물론, 좀 더 지혜롭게 협력하고 경쟁할 수 있는 방법을 터득할 수 있지 않을까요? 자, 그럼 시작해 봅시다!

조원광

엘리엇 소버,
데이비드 슬로안 윌슨
『타인에게로』

로버트 프랭크
『경쟁의 종말』

로버트 액설로드
『협력의 진화』

린 마굴리스
『공생자 행성』

리처드 도킨스
『이기적 유전자』

차례

■ 일러두기

본문에서 인용문 출처를 표기할 때 해당 고전은 책 제목을 넣지 않고 생략했습니다. 자세한 인용문

출처는 211쪽에 있습니다.

I

협력은 왜
유전자의
이기심에
불과한가?

리처드 도킨스 『이기적 유전자』

조원광

유전자가 남의 몸속에 들어앉은 자신의

복사본을 도울 수 있다는 것이다.

만약 그렇다면 이것은 개체의 이타주의로 나타나겠지만,

그것은 어디까지나 유전자의 이기주의에서 생겨난 것이다.

–『이기적 유전자』

협력은 이기심의 산물이다

경쟁과 협력을 다룬 진화론자의 책을 단 하나만 읽어야 한다면,
많은 이들이 리처드 도킨스(Richard C. Dawkins, 1941~)의 『이
기적 유전자』(1976)를 꼽을 것입니다. 그만큼 이 책은 자연에서
일어나는 경쟁과 협력을 해석하는 데 지대한 영향을 미쳤습니다.
도킨스라는 진화생물학자는 이 책으로 일약 스타가 되었지요. 사
람들은 왜 그렇게 이 책에 열광했을까요? 아마 도킨스의 메시지
가 다소 자극적이고 냉혹하지만, 너무나 큰 설득력을 지녔기 때문
일 것입니다. 도킨스는 기본적으로 이기심이 자연을 지배하는 일
차적인 힘이라고 봅니다. 도킨스는 이렇게 말합니다.

> 만약 당신이 나처럼 개개인이 공동의 이익을 위해 관대하게 이타
> 적으로 협력하는 사회를 만들기를 원한다면 생물학적 본성으로부
> 터 기대할 것은 거의 없다는 것을 경고로 받아들이기 바란다. 우리
> 는 이기적으로 태어났다.

『이기적 유전자』 유전자적 관점에서 생명의 협력을 설명하려 한 책. 개체는 유전자가 조정하는 생존 기계일 뿐이며, 개체 간의 협력은 유전자가 자신의 복제물을 더 널리 퍼트리기 위한 이기적인 전략의 일환이라는 주장이 핵심이다.

굉장히 도발적이지 않습니까? 보통 우리는 자신을 선하고 이타적인 존재로 여기고 싶어 합니다. 그래서 도킨스의 이런 말에 우리는 불편해지지요. 하지만 그저 사람들을 불편하게 만들기만 했다면, 도킨스와 『이기적 유전자』가 이토록 유명해지진 못했을 것입니다. 사람이 선하냐 악하냐 하는 논쟁은 오래전부터 있어 왔으니까요.

게다가 저런 도발적인 주장은 쉽게 반론에 부딪힙니다. 살면서 얼마나 많은 협력을 목격합니까? 여러분도 당장 오늘만 해도 친구들과 적지 않은 협력, 예를 들어 펜을 빌려주거나 빌리는 등의 협력을 했을 것입니다. 가족과의 관계로 범위를 좁히면, 정말 어마어마하게 많은 협력이 오고 갑니다. 예를 들어 어머니가 내미

리처드 도킨스 리처드 도킨스의 영향은 진화나 동물만이 아니라, 종교, 문화, 전쟁에 이르기까지 광범위하다. 기독교나 창조론을 옹호하는 이들과 가장 격렬히 대립하며 싸우고 있는 지식인이기도 하다.

는 '협력'의 손길이 없다면, 여러분은 일어나는 것도 먹는 것도 학교에 가는 것도 어려웠을지 모릅니다.

도킨스가 사람들에게 충격을 가져다준 것은, 바로 이런 광범위한 협력이 '유전자' 차원에서 작동하는 이기심의 산물이라 주장했기 때문입니다. 겉으로는 협력인 것처럼 보이지만, 사실 알고 보면 자기의 유전자를 퍼트리기 위한 전략적 행동이라는 말입니다.

유전자라는 말은 익히 들어 보았죠? 유전자는 우리의 몸을 이루는 다양한 단백질을 만드는 설계도입니다. 같은 인간이라도 이 유전자가 조금씩 다르기 때문에 사람마다 생김새나 특징이 조금씩 차이 납니다.(주의하시길! 유전자 말고도 생김새나 특징의 차이, 그러니까 생물학자들이 '표현형'의 차이라고 부르는 것을 만드는 요인에는 여러 가지가 있습니다. 유전자는 그중 한 가지 요인입니다.) 유전자의 정확한 범위와 정의에 대해서 여러 학자들이 논쟁을 하고 있습니다만, DNA라는 물질이 유전에서 핵심적 역할을 하고 있음을 부정하는 학자는 없습니다. 보통 유전자가 다르다고 하면, DNA가 다르다는 말을 가리킨다고 봐도 크게 틀리지 않습니다. 이런 DNA는 자식을 통해 후대로 이어지는데, 도킨스는 생물들이 자신의 유전자가 좀 더 널리 퍼지도록, 즉 다음 세대에 좀 더 많아지도록 하기 위해 노력한다고 봅니다. 그리고 협력은, 이런 유전자의 확산에 기여한다고 여겨질 때만 한정적으로 일어난다는 말이지요.

그런데 대체 어떻게 협력이 내 유전자를 퍼트릴 수 있는 전략이 된다는 말일까요? 언뜻 생각해 보면 자기 자신만 충실히 챙기는 것이 내 유전자를 퍼트리는 데 더 안전하고 확실한 전략인 것 같은데 말입니다. 결국 유전자는 내 몸 안에 있지 않습니까? 이에 대해 도킨스는 '나'라는 개체에서 벗어나 유전자의 관점으로 진화와 세상을 보자고 제안합니다. 그러면 생각보다 많은 것을 이해할 수 있다면서요. 사실 자연계에서 협력이 존재할 수 있는 이유에 대해 고민했던 학자가 도킨스만 있었던 것은 아닙니다. 진화론의 창시자인 다윈도 그 나름대로 이 주제에 대해 설명하려 노력했고, 이후 많은 학자들이 여러 가설을 제시해 왔습니다. 도킨스는 오래전부터 있어 온 논쟁에 그 나름의 관점으로 개입한 것이지요. 그렇기 때문에 도킨스의 주장을 정확히 이해하기 위해서는 진화론의 기본적인 사항을 확인할 필요가 있습니다. 먼저 진화론의 기본적 논리와 그 안에 존재했던 경쟁과 협력의 딜레마에 대해 알아보겠습니다.

자연선택이라는
냉정한 원리

진화의 세 가지 재료

진화론은 35억 년 전 출현한 단세포생물이 세대를 거듭하면서 조금씩 변화하고 분화해 오늘날 이렇게 다양한 여러 생명들로 이어졌다는 학설입니다. 그런데 대체 어떻게 이런 일이 가능한 것일까요? 박테리아 같은 단순한 생물이 어떻게 인간 같은 복잡한 생물로 이어졌다는 말일까요? 다윈을 비롯한 여러 진화론자들의 이론적 추측을 아주 간단하게 설명하면, '차이'(variation), '선택'(selection), '유전'(inheritance)이라는 세 단어로 요약할 수 있습니다.

첫 번째 '차이'는 생명이 모두 조금씩 다르다는 사실을 가리킵니다. 서로 다른 종은 물론이고, 같은 종 안에서도 차이가 있습니다. 여러분 친구들을 보면, 생김새는 물론, 키나 미세한 골격 구조에 이르기까지 여러 차이를 발견할 수 있습니다. 차이가 언제 어떻게 얼마나 발생하느냐를 두고는 여러 논쟁이 있지만(무작위로

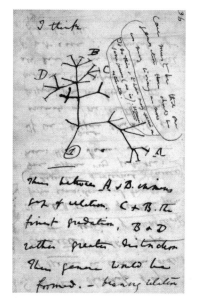
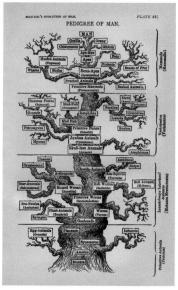

생명의 나무 나무뿌리에서 가지가 뻗어 나가듯 하나의 혈통에서 다양한 생물 종이 갈라져 나왔다는 생각을 반영하는 그림이다. 왼쪽은 다윈이 1837년에 했던 스케치이고, 오른쪽은 에른스트 헤켈이 1879년에 제시한 그림이다.

발생한다 vs 특정한 방향이 있다, 조금씩 발생한다 vs 한꺼번에 발생한다), 차이가 존재한다는 사실 자체는 모두가 인정합니다.

두 번째 '선택'은 이 차이가 만들어 내는 번식에서의 격차와 관련되어 있습니다. 생명들 사이의 차이는 그저 생김새의 차이에만 그치지 않습니다. 차이는 한 개체가 생존하고 번식하는 데 영향을 미칩니다. 예를 들어 기린의 경우, 목이 긴 기린은 높은 나무에 달린 잎도 먹을 수 있기에 목이 짧은 기린보다 먹이가 부족할 때에도 더 오래 살아남을 수 있습니다. 어떤 수컷 공작새의 꽁지깃이 다른 공작새보다 화려하다면, 그 공작새는 다른 수컷 공작새보다 암컷의 이목을 끌 확률이 높습니다. 당연히 번식할 확률도 더 높겠지요. 이처럼 생물이 가지고 있는 차이는 해당 개체들이 주어진 환경에서 생존하고 번식하는 정도를 증가시키거나 감소시킵니다.

진화론에서 '적합도'(fitness)라는 용어가 많이 등장하는데요, 이는 생명체가 성공적으로 번식하는 정도를 의미합니다. 보통 어떤 특징을 지닌 한 개체가 평균적으로 다음 세대에 남기는 자손의 수를 가지고 측정하지요. 앞서 말했듯 목이 긴 기린은 그렇지 않은 기린에 비해 좀 더 잘 생존하고 결국 더 많은 자손을 남길 확률이 높습니다. 화려한 꽁지깃을 가진 공작새도 마찬가지입니다. 그래서 이런 특징을 지닌 개체들이 그렇지 않은 개체들에 비해 '적합도'가 높다고 합니다. 자연히 시간이 지날수록 적합도가 높은 개체들이 그렇지 않은 개체들에 비해 더 많이 살아남아 번성하게 됩니다. 다윈은 이런 과정을 보고 자연이 주어진 환경에서 더 유리한 특성을 가진 생명체를 '선택'한다고 설명했습니다. 이것이 유명한 '자연선택'입니다. (첨언하자면, 적합도라는 개념을 사용하는 방식은 다양한 편입니다. 어떤 학자는 '개체'가 적합도를 가진다고 봅니다. 어떤 학자는 '유전자형'이 적합도를 가진다고 봅니다. 어떤 학자는 아예 '특징' 자체가 적합도를 가진다고 봅니다. 이 글에서는 이해의 편의를 위해 기본적으로 적합도를 '개체'의 속성으로 보는 방식을 택하겠습니다.)

세 번째 '유전'은 바로 이런 유리한 차이, 유리한 특성이 한 세대에 그치지 않고 세대를 거듭하여 반복된다는 것을 뜻합니다. 환경에 유리한 특성을 가졌기에 적합도가 높은 개체가 살아남아 자손을 남긴다 해도, 그 특성이 자식 대에서 반복되지 않는다면 그 특성은 큰 의미가 없습니다.

예를 들어 특별히 덩치가 커서 천적들로부터 살아남아 번식하는 데 남들보다 좀 더 성공적이었던 바다코끼리가 있다고 해 봅시다. 큰 덩치가 실제로 생존과 번식에 도움이 되는지는 확실치 않지만, 일단 설명을 위해 그렇다고 가정해 봅시다. 그런데 그 바다코끼리의 자식이 다시 다른 바다코끼리들과 비슷한 덩치를 가진다면, 덩치가 컸던 아빠 바다코끼리는 그냥 예외적인 한 개체였을 뿐, 바다코끼리의 진화에는 영향을 미치지 못합니다. 그런데 이 덩치가 유전된다면, 즉 덩치가 큰 바다코끼리의 자식들은 모두 덩치가 크다면, 그 자식들 역시 천적들로부터 살아남아 번성할 확률이 클 것입니다. 그러면 이 자식들도 다른 바다코끼리들보다 더 많이 번식하게 될 것이고 세대를 거듭할수록 집단에서 덩치 큰 바다코끼리의 숫자가 늘어날 것입니다. 이런 과정이 이어지면 결국 모든 바다코끼리들의 덩치가 커지겠지요.

요컨대 진화는 한 생명체가 갖는 독특한 특성, 즉 다른 생명체와 구별되는 차이에서 시작합니다. 만약 이 특성 혹은 차이가 그 생명체의 생존과 번식에 긍정적인 영향을 미친다면, 해당 생명체는 남들에 비해 더 많은 자손을 가지게 될 것입니다. 게다가 그런 특성이 세대를 뛰어넘어 반복될 수 있다면, 즉 유전된다면 그런 특성을 가진 개체가 세대를 거듭할수록 많아지고 그 특성은 더욱 강화될 것입니다. 이런 과정을 통해 생명체들의 모습은 바뀌어 가는데, 이 과정을 진화라고 부릅니다.

경쟁과 '신기한' 협력

경쟁과 협력의 관점에서 진화를 보면, 진화는 경쟁과 훨씬 더 밀접한 관련을 가집니다. 앞서 살펴본 진화의 과정을 떠올려 봅시다. 이 과정이 작동하기 위해서는 한 가지 요소가 필수적입니다. 바로 '생존과 번식을 둘러싼 경쟁'입니다. 누구나 살아남을 수 있고 번식할 수 있는 것이 아니라, 누군가'만' 살아남고 번식할 수 있는 상황이어야 진화가 일어난다는 말입니다.

앞에서 목이 긴 기린 이야기를 했지요? 그런데 나뭇잎이 여기저기 굉장히 많이 널려 있다고 가정해 봅시다. 그래서 딱히 먹이를 위해 경쟁할 필요가 없다면, 목이 길건 짧건 상관이 없습니다. 어차피 모두가 나뭇잎을 풍족하게 먹을 테니까요. 혹은 바다코끼리를 위협하는 천적이 전혀 없다고 해 봅시다. 그래서 모든 바다코끼리가 문제없이 살아남아 번식한다면 덩치가 크건 작건 아무

상관이 없습니다. 당연히 이런 특성들이 유전되어 전체 집단으로 퍼질 일도 없겠지요.

그런데 거꾸로 만약 먹이가 모자라고, 천적이 존재하고, 짝을 만날 기회가 한정되어 있다고 해 봅시다. 그러면 일부 개체만이 먹이를 확보할 것이고, 천적을 피할 수 있을 것이며, 짝을 만나 후손을 남길 수 있습니다. 생존과 번식이라는 목표를 위해 개체들이 '경쟁'을 해야 하는 상황입니다. 자연에서 이런 경쟁 상황을 목격하기란 그리 어려운 일이 아닙니다. 「동물의 왕국」을 보면 밀림의 왕인 사자조차 먹이를 구하지 못해 죽어 나가지 않습니까? 바로 이런 경쟁 상황에서 어떤 생명체들이 가진 몇 가지 특성(긴 목, 큰 덩치, 정확한 시력, 화려한 꽁지깃 등)이 힘을 발휘합니다. 그 특성들 덕분에 해당 생명체는 다른 생명체들을 제치고 생존과 번식에 성공할 수 있는 것이지요. 앞서 말했듯 만약 이것이 유전되는 특성이라면, 그런 특성들은 세대를 거듭할수록 그 집단 전반에 확산될 가능성이 큽니다.

요컨대, 대부분의 진화론은 애초에 진화를 '생존 및 번식 경쟁에서 살아남은 개체가 가진 특성이 축적되는 과정'으로 파악하고 있습니다. 도킨스 같은 학자가 이기심이나 경쟁이 생명체의 본성이라고 주장하는 것은, 진화론에서 볼 때 하나도 이상한 일이 아닙니다. 오히려 당연하고 자연스러운 일입니다. 이 험한 세상에서 살아남아 자손을 남긴 존재들이 바로 우리의 조상들입니다.

그렇기에 우리 역시 기본적으로 경쟁적인 성격을 가지기 마련입니다. 아니, 정확히 말해 생존경쟁이 아직 끝나지 않았으므로, 적극적으로 경쟁하고 이기려 하지 않는다면 우리 역시 퇴출될 것입니다. 우리 조상들과의 경쟁에서 밀려 자손을 남기지 못한 여러 생명체들이 그랬듯 말입니다. 빨리 죽어 버리고 싶거나 내 대에서 내 핏줄을 끝장내겠다는 희한한 존재가 아닌 이상, 경쟁적인 성향을 가지는 것은 자연스럽습니다. 경쟁은 진화 과정에서 우리 생물학적 본성에 깊게 배어든 것 같습니다. 경쟁은 진화를 가능케 한 원인이며, 진화의 결과 존재하고 있는 우리에게 너무나 당연한 삶의 방식처럼 보입니다.

그런데 이런 시선으로 보면 이상하고 기괴하기 짝이 없는 일이 있습니다. 생명체들 사이의 협력, 그것도 자신의 생존이나 번식 기회까지 포기하는 협력입니다. 생물학자들이 '진사회성'(eusociality)을 지녔다고 설명하는 개미나 벌 같은 벌목(Hymenoptera)에 속하는 생물들이 대표적입니다.

혹시 벌집 건드려 본 사람 있나요? 절대 건드리지 말아야 하겠지만, 만약 건드린다면 분명 벌들의 침 세례를 받을 것입니다. 그런데 이렇게 여러분(즉, 침입자)을 공격한 벌들은 죽고 맙니다. 침을 쏘는 과정에서 내장이 상하기 때문이지요. 벌들은 벌집과 동료들을 지키기 위해 자기 목숨을 기꺼이 버리는 것입니다. 뿐만 아닙니다. 일반적인 경우 개미나 벌은 직접 자식을 낳지 않습니

다. 여왕벌 혹은 여왕개미가 번식을 전담합니다. 일개미와 일벌
은 이 여왕들이 낳는 알을 돌보기 위해 무척 열심히 노력합니다.
아름다운 모습이지만, 이상한 일입니다. 자기 핏줄을 남기려고
미친 듯이 노력해도 모자랄 판에, 남의 자식(?)을 돌보고 있다니
요. 이들은 생존과 번식을 위해 경쟁을 하고, 그 경쟁의 승자가 지
닌 특성이 축적되어 진화를 낳는다는 진화론의 기본 입장에 정반
대로 역행하는 존재들입니다.

대체 어떻게 이런 일이 가능한 것일까요? 진화론의 기본적 입
장에 따르면, 이런 행동은 진화할 수 없습니다. 자기의 생존을
포기하면서까지 남을 위하고, 자기의 번식 기회를 잃으면서까지
다른 개체의 번식을 돕는 존재가 어떻게 치열한 생존경쟁을 뚫
고 진화할 수 있겠습니까? 만약 그런 존재가 세상에 잠시 존재
했다고 해도, 이들은 경쟁을 통해 퇴출되었어야 마땅합니다. 그
리고 그들을 이용한 다른 개체만 살아남았겠지요. 그런데 이들
은 여전히 살아남아 있습니다. 심지어 이런 진사회적 행동을 보
여 주는 개미나 벌 집단은 인간보다 훨씬 오랫동안 이 땅에 존재
해 왔으며 여전히 서로를 돕는 협력을 하고 있습니다.

진화론의 창시자인 다윈에게도 이는 곤혹스러운 문제였다고
합니다. 이를 이해하기 위해 다윈 이후의 학자들은 다양한 설명
을 내놓았습니다. 집단이나 종의 이익을 고려하여 이런 기이한
협력을 설명하려고 한 시도가 대표적입니다. 기본적으로 자연이

선택하는 대상은 개체라고 알려져 있습니다. 살아남는 것도 번식에 성공하는 것도 모두 개체이기 때문입니다. 그런데 이 선택의 대상을 '집단'이나 '종'으로 두면 벌이나 개미의 희한한 행동을 이해할 길이 생깁니다.

사실 벌이나 개미가 모든 이에게 차별 없는 협력을 보여 주는 것은 아닙니다. 그들은 '콜로니'(colony)라 불리는 자기 집단에 소속된 같은 종의 동료들에게만 협력합니다. 집단들 사이의 경쟁이 있다고 가정해 봅시다. 그런데 한 집단은 전체를 위해 자신을 희생하는 이타적인 개체들로 가득 차 있는데, 다른 집단은 자신만 생각하는 이기적인 개체들만 있다면, 어떤 집단이 더 성공적으로 생존할 수 있을까요? 당연히 이타적인 개체들로 가득한 집단일 것입니다. 이런 집단은 구성원들의 자신을 아끼지 않는 협력을 통해 천적으로부터 집단을 방어할 수 있을 것이고, 공동 작업을 통해 먹이를 쉽게 찾아낼 수 있을 것입니다. 개미들은 자기보다 훨씬 덩치가 큰 잠자리나 딱정벌레도 협력하여 운반하지 않습니까?

곤충까지 갈 것도 없이, 축구 경기 같은 단체 경기만 봐도 쉽게 알 수 있습니다. 어떤 팀에 호날두나 메시처럼 월등한 선수가 있다 해도, 모두가 자기가 골을 넣어야겠다고 달려들면 그 팀은 좋은 결과를 낼 수 없습니다. 대신 박지성처럼 다른 동료들과 협력하고 경기를 넓게 보는 선수가 많은 팀은 개인 역량이 부족해도 서로 협력하면서 좋은 결과를 만들어 내지요.

이렇게 보면 협력이라는 행동이 나타나는 이유를 이해할 수 있습니다. 협력은 개체의 차원에서 보면 불리한 행동이지만, 그 개체가 속한 집단의 차원에서 보면 유리한 행동일 수 있습니다. 그리고 집단이 번창한다면, 그 집단에 속한 개체들에게도 좋은 일입니다. 즉 협력은 나의 이익이 아니라 집단의 이익, 나아가 종의 이익에 도움이 되기 때문에 진화했다고 볼 수 있습니다. 이런 논리는 이후에 '집단 선택설'이라는 이름으로 불리게 됩니다.

유전자의 눈으로
세상을 보라!

집단 선택설의 약점, 무임승차

도킨스의 『이기적 유전자』가 개입하는 지점은 바로 여기입니다. 도킨스는 협력이 집단을 위해 자신을 희생하고 이런 희생이 집단을 강건하게 만들었기 때문에 진화 과정에서 살아남았다는 '집단 선택설'을 비판합니다. 도킨스가 보기에 그런 일은 있을 수 없습니다. 이유는 간단합니다. 이타적 행동이 그 집단의 경쟁력을 강화할지는 모르겠지만, 집단 내에서 이타적 개체들은 이기적 개체들에 이용당해 결국 죽어 없어질 것이기 때문입니다.

이타적이고 너그러운 개체들은 이기적인 개체들에게 이용당하기 쉽습니다. 이기적인 개체들의 '무임승차'가 발생한다는 말입니다. 학교에서 조별 모임 할 때를 떠올려 보세요. 조별 과제를 수행하기 위해 열심인 친구도 있지만, 얄밉게도 요리조리 책임을 피하는 친구도 있습니다. 어차피 조별 과제는 모두가 같은 점수를 받게 되니, 이런 조별 과제는 이타적인 친구들에게 맡겨 두고 자신은 그 시간에 다른 일을 하는 것이지요. 조별 과제 같은 사소한 (?) 일이라면 그냥 기분 나쁜 정도에서 그치겠지만, 생존이나 번식이 달린 상황이라면 이런 무임승차는 심각한 결과를 낳습니다.

예를 들어 사자 무리에서 몇몇 사자만 앞장서서 위험을 무릅쓰고 사냥을 하고 나머지는 슬슬 구경만 한다고 해 봅시다. 사자 무리는 헌신적인 사자들 덕분에 먹이를 구할 수 있겠지만, 헌신적인 사자들은 다칠 가능성이 큽니다. 자연히 번식 가능성도 떨어질 것입니다. 반면 이기적으로 숨어 있던 사자들은 안전하게 살아남을 것이고 번식할 확률도 높을 것입니다. 만약 이런 이기적이거나 이타적인 행동 양식이 유전되는 것이라면, 세대가 거듭될수록 이타적인 사자의 비중은 줄어들 것입니다. 결국 헌신적인 사자는 사라지고 이기적인 사자들로 가득 차겠지요.

모두가 이타적이라면 이런 문제는 발생하지 않을 것입니다. 하지만 현실의 집단에는 이기적인 개체와 이타적인 개체가 섞여 있습니다. 특별한 장치가 없는 한, 이타적인 개체는 이기적인 개체에게 이용당하기 쉽습니다. 따라서 세대가 거듭될수록 이타적인 개체들의 입지는 축소될 것입니다. 그리고 결국 이기적인 개체만 남겠지요. 인간 사회에서는 이런 일을 방지하기 위해 각종 규칙과 법이 존재합니다. 하지만 이런 의식적 노력을 하지 않는다면, 이타성은 유지될 수 없습니다. 도킨스 같은 학자가 집단 선택으로는 이타성과 협력이 진화할 수 없다고 주장하는 것은 바로 이 때문입니다.

　그렇다면 우리 눈앞에 엄연히 존재하고 있는 협력은 대체 어떻게 된 일일까요? 오늘도 암사자들은 사냥을 하기 위해 헌신하고 협력합니다. 일벌들은 벌집을 지키기 위해 자신을 희생하고, 일개미는 여왕개미가 낳은 '남의 자식'을 정성껏 돌봅니다. 이들 집단은 정말 이기적인 개체가 하나도 없는 이타적인 개체들의 완벽한 공동체이기 때문에 그런 것일까요? 하지만 이는 비현실적인 가정입니다. 여러 동물의 긴 역사에서 이기적인 개체가 단 한 마리만 태어났다 해도, 그는 이타적인 동료들을 이용해 승승장구했을 것이고, 결국 집단과 종을 장악하는 개체가 되었을 것입니다. 그런데 대체 어떻게 여러 동물들은 이런 이타적인 행동 양식을 유지하고 있을까요? 도킨스의 말처럼 집단 선택이 말이 되지 않는 설명이라면, 동물들 사이의 협력은 대체 어떻게 진화한 것일까요?

유전자의 관점과 포괄적 적합도

도킨스는 유전자의 관점에서 세상을 보면, 이런 협력을 충분히, 그리고 간명하게 설명할 수 있다고 주장합니다. 도킨스가 보기에 협력은 자신의 유전자를 후세에 더 많이 남길 수 있다는 조건을 충족할 때에만 발생합니다. 유전자를 후세에 더 많이 남길 수 있을 때에만 협력한다는 말입니다. 그럴듯해 보이지만, 이상하다는 생각이 듭니다. 어떻게 남을 돕느라 내 생존과 번식을 포기하는 것이 내 유전자를 많이 남길 수 있는 길이 되는 것이죠? 남들이 내 유전자를 대신 퍼트려 주는 것도 아니지 않습니까? 그런데 도킨스는 남들이 내 유전자를 대신 퍼트려 주는 일이 가능하다고 말합니다. 그리고 협력은, 바로 내 유전자를 대신 퍼트려 주는 이들을 대상으로만 일어난다고 주장합니다. 어떻게 이런 일이 가능할까요?

비밀은 유전자에 있습니다. 내가 가진 유전자, 간단히 말해 DNA는 나 혼자만 가지고 있는 것이 아닙니다. 당장 나는 부모님과 유전자를 절반 공유합니다. 알다시피, 우리 모두는 아버지의 정자와 어머니의 난자가 수정된 수정란으로부터 발생합니다. 우리 절반의 유전자는 어머니로부터 오고 나머지 절반은 아버지로부터 옵니다. 때문에 부모님 두 분과 나는 유전자 절반을 공유합니다. 간단하죠?

형제자매 사이에서도 유전자를 공유합니다. 결론부터 말하면 형제자매는 대략 50% 정도 유전자를 공유하는데, 이는 부모와 자식이 유전자를 절반 공유하는 것보다 이해하기가 약간 더 까다롭습니다. 형제자매는 똑같은 부모님들의 정자와 난자에서 만들어집니다. 그렇다고 형제자매들의 유전자가 서로 동일한 것은 아닙니다. 고등학교에 다니는 친구들은 알겠지만, 정자와 난자 같은 생식세포는 성체(어른)가 지닌 유전자 중 절반을 토대로 만들어집니다. 이렇게 생식세포가 만들어지는 과정을 '감수분열'이라고 하지요. 그런데 이렇게 만들어진 생식세포들은 같은 성체에서 만들어진 것이라 해도 서로 동일하지 않습니다. 감수분열 과정에서, 유전학자들이 '독립분리'(independent assortment)와 '교차'(crossing over)라 부르는 현상이 일어나기에, 생식세포들은 서로 다른 유전자 조성을 가집니다. 간단히 이해하자면, 각 성체로부터 절반의 유전자를 가져오는 방식이 굉장히 다양할 수 있고, 그래서 생식세포가 다양할 수 있다는 말입니다.

이처럼 생식세포가 다르다면, 각기 다른 난자와 정자로부터 형성된 형제자매는 얼마나 많은 유전자를 공유할까요? 이해하기 쉽게 트럼프 카드를 떠올려 보죠. 각각의 트럼프 카드가 유전자라고 해 봅시다. 그리고 감수분열을 이 트럼프 카드에서 절반의 카드를 뽑아내는 것이라고 가정해 봅시다. 그러니까, 트럼프 카드가 전체 52장인데 그중에서 26장을 뽑는 겁니다. 여러 번 뽑으면, 뽑을 때마다 다른 조성이 나오겠죠? 뽑혀 나온 26장이 매번 조금씩 다르다는 말입니다. 어떤 패(조성)에는 에이스가 굉장히 많을 것이고, 어떤 패에는 숫자들이 많을 수도 있겠지요. 하지만 서로 완전히 다르지는 않을 것입니다. 결국 같은 트럼프 카드에서 나왔으니까요. 어느 정도가 같을까요? 확률상, 평균적으로 13장의 카드가 같게 됩니다. 대략 절반이 같다는 말이지요.

즉 한 성체에서 나온 생식세포들은 서로 대략 절반의 유전자를 공유하고 있을 것입니다. 아버지의 생식세포도 어머니의 생식세포도 이런 과정을 통해 만들어집니다. 그렇다면, 아버지의 정자 1과 어머니의 난자 1이 결합하여 만들어진 '나'와, 아버지의 정자 2와 어머니의 난자 2가 결합해서 만들어진 '내 동생' 역시 대략 절반의 유전자를 공유하게 됩니다. 정자들 사이에 공유하고 있는 대략 13장, 즉 절반의 유전자와, 난자들 사이에 공유하고 있는 대략 13장, 즉 절반의 유전자가 합쳐져서, 52장 중에 대략 26장, 즉 전체에서 대략 절반 정도의 유전자를 공유하게 되니까요.(이런 비유적인 설명은 이해를 돕기 위한 것일 뿐, 실제로 우리 몸 안에서 일어나는 생물학적 과정을 엄밀하게 반영한 것은 아닙니다. 정확한 과정이 알고 싶은 친구는, 조금 어렵겠지만 대학생들이 보는 생물학 교재 등을 참조하는 게 좋겠네요.)

이해가 가나요? 어려운 친구들은 일단 형제자매는 대략 50%의 유전자를 공유한다고 기억해 두고 넘어가도 큰 상관은 없습니다. 핵심은 내가 가진 유전자는 나만 가진 것이 아니라, 나와 나의 친족들이 공유하고 있는 것이라는 점입니다.

자, 이렇게 되면, 그러니까 상대가 내 유전자를 공유하고 있다면, 그를 위해서 희생하는 것이 그리 비합리적인 일은 아니게 됩니다. 그를 통해 내 유전자를 후세에 남길 수 있기 때문입니다. 결국 세대를 거쳐 유전되는 것은 DNA, 유전자입니다. 그리고 유전자는 우리 신체적 구조는 물론 심리적 형질에까지 영향을 미치지요. 어떤 형질이나 특성이 번창하는 것은, 그 형질이나 특성을 발생시키는 DNA 서열이 세상에서 점차 그 비중을 늘려 가는 일입니다. 앞서 적합도는 생명체가 성공적으로 번식하는 정도를 가리키는 개념이라고 설명했던 것 기억나시죠? 이를 유전자의 관점에서 다시 설명하면, 적합도가 높은 개체는 자신의 DNA를 후대에 좀 더 많이 퍼트릴 수 있는 개체를 의미한다고 할 수 있습니다.

그런데 이런 DNA를 나만 갖고 있는 것이 아니라면, 나와 동일한 DNA를 가지고 있는 다른 개체의 생존과 번식을 도움으로써 내가 가진 DNA를 퍼트릴 수도 있는 것입니다! 이처럼 '나'라는 한 개체에 한정되지 않고, 내 DNA를 공유하고 있는 여러 개체의 생존과 번식까지 돕는 행동 양식이 존재한다면, 그리고 그 행동 양식이 유전될 수 있다면, 이런 행동 양식은 충분히 진화할 수 있습니다. 왜냐하면 그런 행동 양식을 발현시키는 DNA는 그렇지 않은 DNA보다 훨씬 더 많이 자신을 복제하고 남길 수 있을 테니까요. 그래서 도킨스는 책에서 다음과 같이 말합니다.

우리는 이제 유전자가 다수의 다른 개체 내에 동시에 존재하는 분산된 존재라는 것을 강조하고자 한다. (…) 유전자가 남의 몸속에 들어앉은 자신의 복사본을 도울 수 있다는 것이다. 만약 그렇다면 이것은 개체의 이타주의로 나타나겠지만, 그것은 어디까지나 유전자의 이기주의에서 생겨난 것이다.

잘 이해가 안 가나요? 예를 들어 생각해 보죠. 앞서 말했듯 나와 내 형제는 대략 50%의 유전자를 공유합니다. 만약 내가 별 피해 없이 형제의 생존이나 번식을 도울 수 있다면, 그렇게 하는 편이 내 유전자를 퍼트리는 데 훨씬 유리할 것입니다. 내 형제가 생존하고 자손을 낳는 것은, 그의 몸속에 있지만 나도 공유하고 있는 50%의 DNA가 퍼지는 일이기도 하니까요. 혹은 내게 피해가 있다고 해도, 그 대신 내 형제가 얻는 이익이 크다면, 해 볼 만한 일이 됩니다.

극단적인 상황을 한번 가정해 보죠. 내가 죽어야만 형제를 살릴 수 있다고 생각해 봅시다. 이때 형제를 위해 기꺼이 몸을 던질 사람은 많지 않을 것입니다. 그런데 만약 내가 죽으면 형제 두 명이 살 수 있다고 해 보죠. 좀 애매하죠? 혹시 내가 죽어서 형제 세 명을 살릴 수 있으면 어떨까요? 당장 용기가 나지는 않지만, 어쩔 수 없다면 그렇게 하는 것도 나쁘지 않아 보입니다. 왜 그럴까요?

내가 죽으면 내 몸 안의 유전자가 후대에 퍼질 일은 확실히 없어집니다. 하지만 나와 대략 50%를 공유하고 있는 형제의 유전자가 퍼질 수 있습니다. 그렇게 내가 살릴 수 있는 형제가 두 명이 되면, 내가 살아남아 직접 유전자를 퍼트리는 것만큼이나 내 유전자를 퍼트릴 수 있습니다! 50% 곱하기 2는 100%가 되니까요. 그리고 세 명을 넘어서면, 심지어 나 혼자 살아남아 유전자를 퍼트리는 것보다 더 많이 유전자를 퍼트릴 수도 있습니다. 50% 곱하기 3은 150%이지 않습니까? 만약 이런 식으로 형제를 돌보고 위하는 행동 양식이 있다면, 이는 유전자의 증식이라는 관점에서 충분히 합리적인 행동입니다. 도킨스가 보기에, 이런 일종의 '전략적 합리성'이야말로 이타성이 나타나는 이유입니다.

정리해 봅시다. 모든 생명체는 자신의 유전자를

후대에 전하려 합니다. 생존하고 번식하려는 것도 그 때문입니다. 그런데 그 방법은 나라는 개체의 생존과 번식을 추구하는 것에만 한정되지는 않습니다. 유전자는 나만 가질 수 있는 것이 아니라 공유할 수 있는 것이기 때문입니다. 나와 유전자를 공유하는 개체의 생존과 번식을 도울 수 있다면, 그것도 유전자를 퍼트리는 좋은 방법이 될 수 있습니다. 이타주의나 협력은 이런 전략의 일환으로 나타나는 일입니다.

오해하지 마십시오. 생명체들이 늘 이런 것을 복잡하게 계산한다는 말은 아닙니다. 그런 의식적 계산이 가능한 생명체는 많지 않지요. 하지만 무의식적으로라도 그런 전략을 채택하는 개체가, 그러니까 자기 친족들에게 한정적으로나마 이타주의를 실천하는 개체가 자신의 DNA를 퍼트리는 데 유리하다는 점은 변하지 않습니다. 자연히 시간이 갈수록 그런 무의식적 습관을 가진 개체나 종이 그렇지 않은 개체나 종에 비해 더 늘어나겠지요. 도킨스가 보기에 자연에 존재하는 이타주의는 이런 과정의 결과물입니다.

사실 이런 생각은 도킨스가 처음 고안한 것이 아닙니다. 도킨스 이전에 윌리엄 해밀턴(William D. Hamilton)이라는 유명한 진화생물학자가 만들어 낸 '포괄적 적합도'(inclusive fitness) 이론이 바로 이런 생각의 요체입니다. 앞서 말한 것처럼 적합도는 번식 성공 정도를 의미합니다. 그런데 해밀턴은 적합도를 판단할 때 개체의 직접적인 번식만을 살펴서는 안 된다고 지적합니다. 번식에서 핵심은 내가 가진 유전자를 다음 세대에 널리 퍼트리는 것입니다. 만약 그렇다면, 나와 유사한 유전자를 가진 다른 개체, 즉 친족의 번식까지 포괄적으로 고려해야 마땅합니다. 그래야만 더 효과적으로 내 유전자를 퍼트릴 수 있을 테니까요. 쉽게 말해 내가 아들딸을 많이 낳는 것도 중요하지만, 조카들이 많아지도록 기여하는 것도 중요하다는 말입니다. 이처럼 나와 유전자를 공유하고 있는 다른 개체의 번식까지 고려한 적합도가 바로 '포괄적 적합도'입니다. 그리고 친족 중심의 이타주의나 협력은 이런 '포괄적 적합도'를 높여 주는 대표적인 행동 양식입니다.

이렇게 살펴보면 꽤 많은 협력을 설명할 수 있습니다. 예를 들어 벨딩땅다람쥐는 코요테 같은 천적을 발견하면, 가장 먼저 발견한 다람쥐가 경계음을 냅니다. '천적이 다가왔다!'고 큰 소리로 외치는 것이지요. 그런데 이렇게 하는 것은 자기를 위험에 빠트리는 일이기도 합니다. 경계음을 내는 개체가 코요테의 눈에 가장 띌 테니까 말이죠. 이는 자신의 위치를 노출해 집단 전체의 생존 가능성을 높인다는 점에서 전형적인 이타적인 행동이며 협력입니다.

하지만 이런 협력의 수혜자는 익명의 개체들이 아닙니다. 여러 연구자가 긴 기간 동안 연구해 보니, 이런 협력의 이익을 보는 개체들은 대부분 그렇게 경계음을 낸 다람쥐의 친척이었습니다. 많은 협력이 이처럼 나와 유전자를 공유한 이들인 친척들 사이에서 이루어집니다. 그리고 나와 가까운 친척일수록, 즉 나와 공유한 유전자가 많을수록 협력의 대상이 되기 쉽습니다. 그 개체를 위하는 것이, 내 유전자를 남기는 데 훨씬 유리하기 때문입니다. 같은 값이면, 나와 25%의 유전자를 공유한 조카보다 50%의 유전자를 공유한 형제를 돕는 것이 유전자의 확장이라는 면에서 훨씬 유리합니다.

앞에서 언급한 개미나 벌은 어떨까요? 아무리 친족이라지만, 번식을 포기하고 여왕 개체의 아이를 돌보는 것은 너무한 일 아닐까요? 도킨스가 보기에 이런 행동의 비밀은 벌목 생명체들의 독특한 유전 체계에 있습니다. 인간과 달리, 개미나 벌 같은 벌목의 경우, 대부분 수컷과 암컷의 유전자 숫자가 동일하지 않습니다. 암컷은 이배체(diploid)인데 반해, 수컷은 반수체(haploid)입니다.

좀 어렵죠? 이배체는 유전자를 두 세트 가지고 있음을 의미합니다. 우리 인간도 어머니에게서 받은 유전자 한 세트와 아버지에게서 받은 유전자 한 세트를 합쳐서 두 세트 가지고 있습니다. 이런 형태의 생명을 '이배체'라 합니다.

그런데 신기하게도, 개미나 벌의 경우, 암컷은 우리처럼 유전자를 두 세트($2n$) 가지고 있지만, 수컷은 한 세트(n)밖에 없습니다. 왜 이렇게 되느냐 하면, 미수정란이 수컷이 되기 때문입니다. 여왕이 낳은 알은 모두 부화할 수 있습니다. 이 알은 이미 여왕으로부터 유전자 한 세트를 받은 상태이지요. 그런데 이것이 아버지 수컷으로부터 나머지 한 세트의 유전자를 받으면 암컷이 되지만, 받지 못하면 수컷이 됩니다. 좀 복잡하지만, 일단 이렇다는 것을 기억해 둡시다. 그런데 바로 이런 특성 때문에 신기한 일이 발생합니다. 벌이나 개미에게는, 자식보다 친자매들이 유전적으로 더 가깝게 됩니다.

천천히 살펴봅시다. 일단 이배체인 암컷 벌이나 개미의 입장에서, 직접 자식을 낳는다면 그 자식과 나(엄마)는 50%의 유전자를 공유합니다. 내가 가진 유전자 중 반만을 자식에게 물려주기 때문이지요. 그런데 나와 친자매인 다른 암컷 개미나 벌과 나는, 일반적인 형제자매 사이에서 공유하게 되는 50%보다 좀 더 많은 대략 75%의 유전자를 공유하게 됩니다. 수컷이 만들어 내는 정자가 모두 똑같기 때문입니다.

앞에서 정자와 난자 같은 생식세포는 감수분열을 통해, 성체가 가진 유전자의 절반을 토대로 만들어진다고 했습니다. 성체 유전자 중 절반을 가져오는 방식이 다양할 수 있기에, 같은 성체에서 나왔다 해도 생식세포들은 서로 조금씩 다르다고도 말했습니다. 그런데 수컷 벌이나 개미는 이렇게 감수분열하면 안 됩니다. 자기가 이미 유전자를 절반밖에 가지고 있지 않은 반수체이니까요. 앞서 미수정란이 수컷이 된다고 말씀드렸죠? 애초에 절반밖에 유전자를 가지지 못한 수컷은 유전자를 절반으로 나눌 수가 없습니다. 그래서 특이하게도, 이들이 만든 정자의 유전자는 모두 동일합니다. 이것이 무슨 의미일까요? 이배체인 암컷 벌이나 개미의 경우, 아버지로부터 물려받은 유전자가 모두 동일하다는 것을 뜻합니다. 애초에 아버지가 만들어 낸 정자가 모두 서로 동일했기 때문입니다.

그러면 개체들 사이의 유전적 차이는 어디서 생길까요? 그것은 어머니로부터 물려받은 유전자로부터 생깁니다. 덕분에 인간과 같은 생명체의 경우 형제들 간의 유전자 공유도가 대략 50% 정도지만, 벌이나 개미는 대략 75%에 이르게 됩니다. 다시 한 번 트럼프 카드의 비유를 쓰자면, 수컷 쪽에서 오는 26장의 카드는 모두 동일하기에, 차이는 암컷 쪽에서 오는 26장의 카드들 사이에서밖에 나타나지 않습니다. 따라서 수컷에서 온 카드와 암컷에서 온 카드가 합쳐져 만들어진 전체 유전자 52장 중 대략 13장밖에 차이가 나지 않게 되고, 거꾸로 대략 39장, 즉 75%를 공유하게 되는 것이지요.

이처럼 자식과 나 사이보다, 자매와 나 사이에 유전적 관련성이 크다면, 어떻게 될까요? 유전자의 관점에서는, 자식을 많이 낳는 것보다 친자매를 늘리는 것이 더 합리적인 전략이 됩니다. 그래야 내가 가진 유전자가 후대에 더 많이 퍼질 테니까요. 그리고 이것이 정확히 개미나 벌들 사이에서 일어나는 일입니다. 일벌과 일개미는 어머니인 여왕개미의 번식을 도움으로써, 자매들의 숫자를 극대화하려 합니다. 이는 언뜻 굉장히 이타적인 행동처럼 보이지만, 도킨스의 관점에서 보면, 나아가 유전자의 관점에서 보면 그렇지 않습니다. 그것은 유전자의 관점에서 극히 합리적이며, 이기적인 일입니다.

개체는 생명보험업자라고 볼 수 있다. 한 개체는 다른 개체의 생명에 자기의 자산 일부를 투자하거나 내건다고 볼 수 있다. 그는 다른 개체와 자기의 근연도(근연도란 혈연적 연관성을 의미한다.—인용자)를 고려하고, 또 그 개체의 기대 수명을 보험업자 자신의 '기대 수명'과 비교해서 그 개체가 '좋은 피보험자'인지 아닌지를 판단한다. 엄밀히 말하면 기대 수명이라기보다는 '번식 기대치'라고 하는 것이 적절하며, 더 엄밀하게는 '장래에 자기의 유전자를 이롭게 할 일반적인 능력'이라고 해야 할 것이다.

이타성이라는 신화의 몰락

설명이 길고 복잡했지만, 핵심은 간단합니다. 나와 유전자를 공유하고 있는 이들에게만 선택적으로 잘해 주는 것. 그게 자연계에 존재하는 협력이라는 말입니다. 그래서 친척이나 친지 사이에서는 협력이 쉽게 일어납니다. 그리고 나와 유전자를 공유하는 정도가 클수록 협력이 일어나기 쉽습니다. 같은 값이면 나와 유전자를 많이 공유하고 있는 이를 돕는 것이 유전자를 퍼트리는 데 유리하기 때문입니다. 가까운 친지일수록 협력이 일어나기 쉽다는 말이지요.

그래서 도킨스가 보기에 협력은 진정한 이타주의의 발현이 아닙니다. 대신 그것은 유전자를 널리 퍼트리기 위해 개체를 넘어서 사태를 살피는 고도의 전략적 행동입니다. 그런 의미에서 혈연이 있는 개체들 사이에 일어나는 선택적 협력은, 보다 근본적으로 유전자 사이에서 일어나는 경쟁의 결과물입니다. 다른 유전자보다 자신의 유전자를 더 많이 남기려는 시도의 연장이니까요.

이런 종류의 선택적 협력은 경쟁을 더 잘하기 위한 수단이라고도 말할 수 있을 것입니다.

조건 없는 애정이나 순수한 이타성처럼 보였던 것이, 사실 알고 보면 이런 포괄적 적합도의 관점에서 대부분 설명된다고 도킨스는 주장합니다. 우리가 목격하는 협력들은 조건이 없는 것도 아니고 순수한 것도 아닙니다. 거꾸로 굉장히 조건을 따집니다. 애초에 협력이 유전자 확장을 위한 전략적 제휴였기에, 그럴 가능성이 줄어들거나 없어지면 당연히 협력도 다시 검토되곤 합니다. 이는 인간 사회에서도 많이 나타나는 일입니다.

예를 들어 볼까요? 나이 많은 할머니 할아버지 친척과 어린 중고등학생 친척이 있다고 합시다. 누구를 돕는 것이 좋을까요? 만약 우리의 협력이 유전자를 퍼트리기 위한 수단이라는 도킨스의 말이 맞는다면, 어린 친척을 돕는 것이 합리적일 것입니다. 왜냐하면, 친척을 활용해 간접적으로 유전자를 퍼트리려면 해당 친척이 결혼을 하고 아이를 낳아야 할 것인데, 할머니 할아버지가 그럴 가능성은 낮으니까요. 나와 아무리 가까워도 내 유전자를 퍼트리는 데에는 큰 도움이 되지 못한다는 말입니다. 정말 우리가 이렇게 행동하고 있을까요?

번스타인(E. Burnstein)과 크랜들(C. Crandall) 그리고 기타야마(S. Kitayama)라는 학자들은 한 논문에서 이와 관련된 이야기를 해 줍니다. 이들은 미국과 일본에서 사람들을 대상으로 설문 조사를 했는데요, 놀랍게도 사람들은 아주 급박한 상황일수록 나이 어린 친척을 먼저 돕는 경향을 보였습니다. 설문의 내용은 이러 했습니다. 집이 활활 불타오르고 있는데, 집 안에 세 명의 친지가 있다고 가정합니다. 그리고 딱 한 사람만 구할 수 있다고 상황을 설정합니다. 설문 결과 집 안에 있는 친지가 나이가 많을수록, 그 사람을 돕겠다고 한 사람들이 줄어들었습니다. 섬뜩하지만 도킨 스의 주장과 일맥상통합니다. 어쩌면, 우리가 친지들에게 베푸는 호의는, 이렇게 철저하게 계산된 유전자의 전략일지도 모르는 셈 입니다.

부모 자식 사이처럼 당연히 조건 없는 이타적 행동이 있을 것 같은 관계에서도, 이런 계산이 존재하는 듯한 모습을 관찰할 수 있습니다. 역시 도킨스와 포괄적 적합도의 관점을 도입한다면, 부모가 자식을 돌보는 이유는 자식이 자신의 유전자를 퍼트릴 수 있는 존재이기 때문입니다. 그런데 만약 자식이 친자식이 아 니라면 어떨까요? 포괄적 적합도의 관점에서는 돌볼 이유가 없 습니다.

마치 이를 반영하듯, 한쪽이 친아버지나 친어머니가 아닐 경우 에 유아 학대가 벌어질 가능성이 크다는 주장이 있습니다. 물론 훌륭하신 양부모님들이 많이 있지만, 이런 종류의 주장도 있다는 말입니다. 다음의 표를 보시죠.

0~4세	5~10세	11~17세
8.2	3.2	3.4

한 명의 양부모와 한 명의 친부모와 살고 있는 아이가, 두 친부모와 함께 살고 있는 아이에 비해 신체적 학대를 겪게 될 상대적 위험. 예를 들어 수치가 8이면, 한 명의 양부모와 한 명의 친부모로 이루어진 가정의 아이가 두 친부모로 이루어진 가정의 아이보다 8배 더 위험하다는 뜻. 나이는 만 나이.

이 표는 1990년대 미국에서 이루어진 조사의 결과를 가지고 불러(David Buller)와 스미스(Elliott Smith)라는 학자가 만든 것입니다. 보다시피 부모님 중 한쪽이 양부모일 경우, 학대의 위험이 더 높은 것으로 나옵니다. 특히 아주 어릴 때 그런 결과가 두드러지네요.(이 결과를 과장할 수도, 그대로 믿을 수도 없음을 언급해 둬야겠습니다. 우선 아동 학대에 영향을 미치는 요인은 유전적 이질성 말고도 많습니다. 이 표의 결과가 유전자만 작동해서 나온 것이 아니라는 말입니다. 게다가 8배라고 해도 부모가 아동 학대를 할 가능성 자체가 낮기 때문에, 높은 수치가 아닙니다. 예를 들어 0.0008은 0.0001의 8배이지만, 그 숫자가 크다고 할 수 없는 것처럼 말이지요. 나아가 이 표를 만든 학자들은 양부모에 대한 편견이 결과에 영향을 미쳤을 가능성도 의심하고 있습니다. 조사 과정에서 대상이 양부모일 경우 좀 더 쉽게 아동 학대를 의심하고 기록했을 가능성이 있다는 말이지요.)

어떤가요? 마음이 불편하죠? 말하고 있는 저도 그렇습니다. 사실 제가 앞에서 사례로 가져온 이야기들은(사람들은 자신의 유전자를 갖지 않은 아이를 학대할 가능성이 크다. 우리는 급박한 상황에서는 나이 어린 친족을 선택한다) 정확히 말해 하나의 주장일 뿐, 흔들림 없는 사실이 아닙니다. 심지어 앞의 표를 만든 학자들은, 이 결과만 가지고선 아이가 부모와 유전적 관련이 없을 때 학대를 당할 위험이 더 크다고 확언하기는 힘들다고 지적합니다. 그렇기에 이런 주장들을 객관적 사실이라기보다, 여전히 여러모로 검토하고 의심해 볼 지점이 많은 연구 결과라고 이해하는 게 더 정확할 것입니다. 그리고 포괄적 적합도 이론을 주장하는 학자들이, 자신들의 주장이 인간 사회의 협력을 설명하는 '유일한' 이론이라고 말하는 것도 아닙니다. 그보다는 협력을 하게 만드는 요인 중 이런 논리도 존재한다는 뜻일 것입니다.

　요컨대 여전히 논쟁이 존재하지만, 도킨스와 포괄적 적합도 이론은 순수한 이타성이나 협력, 혹은 조건 없는 애정이 일종의 '신화'라고 주장합니다. 알고 보면, 그 바탕에는 유전자를 더 널리 퍼트리려는 정교한 전략이 있다는 말이지요. 그에 따르면 당연히 애정이 오고 갈 것 같은 관계조차, 이런 전략적 전망을 보여 주지 않으면 생각보다 쉽게 깨지거나 변형됩니다. 급박한 상황에서 나이가 많은 친척부터 포기한다든지, 내 피가 섞이지 않은 자식은 아무래도 우선순위에서 밀린다든지 하는 방식으로 말입니다.

　도킨스가 보기에 생명체의 많은 행동과 판단은 유전자적 관점에서 보면 이기적인 것이라 설명할 수 있습니다. 협력 역시 그렇습니다. 한 개체 안에 있는 유전자가, 해당 개체로 하여금 적어도 자신과 유사한 유전자를 가진 친척들에게는 잘해 주도록 만듦으로써, 다른 유전자와의 경쟁에서 이기고 자신의 복제물을 더 널리 퍼트리기 위한 전략이라는 말입니다. 도킨스가 보기에, 순수한 협력이란 없습니다. 결국, 세상은 경쟁으로 가득 차 있습니다. 다만 그것이 유전자의 경쟁이기에, 개체들 수준에서 일시적인 협력이 이루어지는 것처럼 보일 뿐입니다. 모든 곳에 유전자의 이기심과 유전자들의 경쟁이 있다! 슬프지만, 그것이 우리의 생물학적 본성이고, 이를 잘 알아야 그것을 제어할 수 있다! 아마 이것이 『이기적 유전자』에서 도킨스가 하고 싶었던 말이 아닐까 합니다.

생명의 나무에 새겨진
낯선 흔적들

이제까지의 이야기를 간단하게 요약해 봅시다. 도킨스를 비롯한 여러 진화생물학자들은 생존과 번식을 둘러싼 경쟁이 우리 삶의 많은 부분을 차지한다고 설명합니다. 간혹 이루어지는 협력조차, 유전자 차원에서 일어나는 경쟁의 일환일 뿐이지요. 우리 자신은 바로 이런 치열한 경쟁의 결과 살아남은 조상들의 자손입니다. 그러므로 우리가 우리 유전자를 퍼트리려는 경쟁심을 가진 것은 자연스럽습니다. 그런 마음과 행동의 습관을 발현시키는 유전자가 이제껏 살아남았을 테고, 바로 우리가 그런 유전자의 산물일 테니까요.

특히 앞에서 설명한, 유전자적 관점에서 협력과 이타주의를 설명하는 '포괄적 적합도' 이론은 진화생물학계에서 지위가 탄탄합니다. 생물학계에서 가장 저명한 글이 실리는 『네이처(Nature)』라는 과학 잡지에 2010년에 윌슨(E. O. Wilson)과 노왁(M. A. Nowak) 그리고 타니타(C. E. Tarnita)라는 진화생물학자들이 포괄적 적합도 이론을 비판하는 논문을 낸 적이 있습니다. 포괄적 적합도 이론이 앞서 말한 개미나 벌의 진사회성을 제대로 설명하지 못한다는 내용이었는데요, 논문의 내용보다 그 반응이 더 인상적이었습니다. 엄청나게 많은 진화생물학자들이 이 논문, 즉 포괄적 적합도를 비판하는 논문을 다시 비판하는 논문을 쏟아 내기 시작했습니다. 융단 폭격 수준이었죠. 그만큼, 포괄적 적합도 이론은 학계에서 폭넓게 지지받고 있는 이론입니다.

그런데 정말 이 포괄적 적합도 이론의 설명이 다 맞는 말일까요? 우리 협력은 유전자의 '간교한 전략'에 불과한 것일까요? 재미있는 연구 결과를 여러분께 소개해 드리고 싶습니다. 에속비탈과 맥과이어(Essock-Vitale & McGuire)라는 학자들의 연구 결과인데요(David Buss, *Evolutionary Psychology*, pp.245-6.에서 참조했습니다), 이들은 LA에 거주하는 300명의 성인 여성을 대상으로 주로 어떤 사람과 도움을 주고받는지 조사하였습니다. 그 결과 먼저 사람들은 먼 친척에 비해 가까운 친척과 더 많은 도움을 주고받았습니다. 또한 나이 많은 사람이 젊은 친지를 도와주는 일이 많으며, 거꾸로 젊은 사람이 나이 많은 친지를 도와주는 일은 많지 않았습니다. 여기까지라면, 앞서 말한 포괄적 적합도 이론, 즉 협력은 유전자 차원에서 정교하게 고안된 전략이라는 주장에 더 힘을 싣는 결과일 것입니다. '번식 가능한 가까운 친척을 돕는다.'라는 기본적 전략이 잘 나타나니까요.

그런데 이 연구는 이보다 훨씬 흥미로운 사실을 드러냅니다. 가장 빈번하게 도움을 주고받은 것이 친지가 아니라 가까운 친구들이었다는 점입니다. 즉 친지들 사이에서는 가까운 친척을 먼저 도와준 것은 맞습니다. 하지만 가장 많은 도움을 주고받은 것은 친지가 아니라 친구입니다. 이 결과는 포괄적 적합도로 설명하기 힘듭니다. 포괄적 적합도 이론이 사실이라면, 친척과 친구 사이에서 협력의 대상을 선택할 때 당연히 유전적 관련성이 있는 친척을 택해야 하기 때문이지요. 그런데 우리도 살면서 경험하듯, 협력은 혈연관계가 없는 사람들 사이에서도 활발하게 일어납니다. 이건 대체 어떻게 된 일일까요?

인간만 그럴까요? 그렇지 않습니다. 코스타리카의 흡혈박쥐가 대표적입니다. 흡혈박쥐 하면 탐욕스럽게 피를 빠는 잔인한 생물이 떠오르지만, 이들은 생각보다 따뜻한 마음을 가지고 있습니다. 모든 박쥐가 매일 밤 사냥에 성공하는 것은 아닙니다. 그런데 둥지로 모여든 박쥐들은 서로 자기가 빨아 온 피를 나눕니다. 어미가 새끼를 먹이거나 친지를 먹이는 경우도 있지만, 전혀 상관없는 다른 동료를 먹이기도 합니다. 덕분에 흡혈박쥐는 사흘만 피를 먹지 못해도 굶어 죽지만, 사냥에 실패해 혼자만 죽는 개체는 많지 않습니다. 혈연과 상관없는 협력이 자연계에도 제법 많이 존재한다는 말입니다.

도킨스의 말이 사실이라면, 그러니까 냉엄한 유전자의 경쟁이 우리 생명을 관통하는 강력한 힘이라면, 대체 어떻게 이런 일이 가능한 것일까요? 사실 생각해 보면, 혈연과 상관없는 협력이 정말 많습니다. 세계 어딘가에서 큰 재난이 발생하면, 전 세계로부터 성금이 몰려듭니다. 특별한 일이 없어도, 어려운 이웃을 돕기 위한 기부는 일상적으로 일어납니다. 그런 이타심과 협력이 도움을 받는 사람 중에 친척이 있기 때문에 발휘되는 것은 아닙니다. 우리는 피 한 방울 섞이지 않은 이들과도 익숙하게 협력하고 우애를 다집니다.

물론 도킨스도 인간은 문화와 지성의 힘으로 유전자의 이런 기본적인 성향을 극복할 수 있을 것이라 말합니다. 그런데 과연 문화나 사회의 영향으로만 이런 이타적 협력이 나타날까요? 혹시 우리 진화 과정에서도 협력이 등장하는 다른 경로나 과정이 있었던 것은 아닐까요? 그러니까, 우리가 이타적인 협력을 할 생물학적인 이유가 있는 게 아닐까요?

아시다시피, 도킨스 이외에도 수많은 진화생물학자들이 있습니다. 그들 모두가 포괄적 적합도 이론을 지지하는 것은 아닙니다. 예를 들어 앞서 포괄적 적합도 이론을 비판했다는 노왁과 윌슨 등의 학자들은 자기와 유사한 유전자를 가진 개체들에게만 잘해 주는 것은, 생물학적 차원에서도 항상 합리적인 일은 아니라고 지적합니다. 오히려 집단에 다양한 유전자를 가진 개체가 공존해서 서로 교배할 수 있을 때 질병에 대한 저항력이 올라가는 사례도 있습니다. 아무리 내 유전자를 가진 개체들에게 잘해 줘 봤자, 다 같이 죽어 버리면 소용이 없지 않습니까? 그렇다면 다른 개체가 나와 얼마나 유전자를 공유하는지 신경 쓰지 않고 무조건 잘해 주면서 교류하는 행동 방식이 진화할 여지도 있습니다. 그게 유전적 이질성을 증가시켜 질병에 대한 저항력을 더 키워 줄 것이기 때문입니다.

우리가 누군가와 경쟁하고 협력하는 것이, 진화 과정에서 오랜 세월 형성된 행동과 마음의 습성에 의해 영향받고 있는 것은 자명합니다. 우리의 행동 하나하나에는 오랜 세월 형성된 생물학적 본성이 묻어 있습니다. 우리 인간 역시 진화가 만들어 낸 거대한 '생명의 나무'의 일부이기 때문입니다. 그래서 진화론적 관점에서 경쟁과 협력을 알아보는 것은, 우리 삶을 이해하는 것은 물론 앞으로 협력을 어떻게 만들어 나갈지 방향을 모색하는 데 반드시 필요한 일입니다.

하지만 도킨스가 말한 것처럼 우리의 생물학적 본성이 우리의 유전자를 확대하는 데에만 늘 초점이 맞추어져 있는지는 잘 모르겠습니다. 오히려 이런 계산을 넘어선 이타적 협력이 두드러지는 사례도, 그러니까 친족이나 혈연에 얽매이지 않는 이타성이 두드러지는 사례도 많으니까요. 그렇다면 진화의 과정에서 우리 마음에 새겨진 습성들에는 대체 어떤 것들이 있을까요? 도킨스의 말이 다가 아니라면, 생명의 나무가 모두 경쟁으로 얼룩진 것이 아니라면, 그것과 다른 낯선 흔적들이 있을까요? 그리고 그것으로는 우리의 어떤 점을 설명할 수 있을까요? 함께 조심스럽게 생명의 나무에 새겨진 흔적을 쫓아가 봅시다. 우리를 좀 더 잘 이해하게 되는 즐거운 여정이 될 거라 믿습니다.

2

혈연을
넘어선
협력은
가능한가?

로버트 액설로드 『협력의 진화』

조원광

틧포탯의 강건한 성공은 신사적이고,

보복적이고, 관대하고, 명료한 특성들이 조합된 결과다.

신사적이라 쓸데없는 문제에 휘말리지 않고,

보복적이기에 상대가 배반을 시도할 때마다

더 이상 지속하지 못하게 억제한다.

―『협력의 진화』

팃포탯, 치밀하지만 따뜻한

논제로섬 게임과 죄수의 딜레마

1장에서 우리는 자연에서 나타나는 협력이, 사실은 유전자의 유사성을 고려한 고도의 이기적 전략일 수 있음을 살펴봤습니다. 리처드 도킨스의 『이기적 유전자』는 포괄적 적합도 이론에 근거하여 이 점을 설명한 책이지요. 쉽게 말해, 나와 유사한 유전자를 가진 이들에게는 잘해 줄 만한 이유가 있다는 말이었습니다. 내 유전자는 나만 가지고 있는 것이 아니라 친척들도 가지고 있기에, 친척들이 잘 살아남아 자손을 낳는 것은 내 유전자가 퍼지는 일이기도 하기 때문이라는 것이죠.

그렇다면, 피 한 방울 섞이지 않은 관계에서는 협력이 불가능할까요? 앞 장에서 조건 없는 이타적인 행동은 무임승차자들에게 이용당하기 쉽기에 진화 과정에서 살아남기 어렵다는 점을 살펴보았습니다. 혈연을 고려하지 않은 이타성은 늘 자신을 갉아먹고 이기적인 개체들의 배를 불릴 뿐인 바보 같은 일인 걸까요?

로버트 액설로드 미시간 대학교 정치학과 교수로 게임이론, 인공지능 등에서 세계적 권위자로 알려져 있다

로버트 액설로드(Robert Marshall Axelrod, 1943~)라는 학자는 『협력의 진화』(2006)라는 책에서 그렇지 않다고 이야기합니다. 액설로드는 컴퓨터 시뮬레이션을 활용하여, 피 한 방울 섞이지 않은 관계에서도, 특정 조건이 충족되면 개체들 간의 협력이 나타날 수 있음을 보여 줍니다. 나아가 액설로드는 일단 이런 협력이 발생하면 쉽게 깨지지 않으며, 오히려 너무 강건해서 문제가 되는 경우가 있다고까지 이야기합니다.

어떻게 그런 일이 가능할까요? 여러 생물학자들이 혈연이 없는 상태에서는 협력이 진화하기 힘들다고 보는 이유는, 협력을 하는 이타적인 개체들이 집단 내에서 점차적으로 비중이 줄어들 것이라 예상하기 때문입니다.(자세한 사항은 1장을 참조하세요.) 그런데

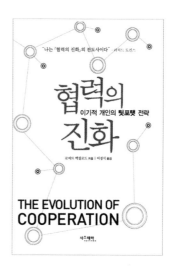

『협력의 진화』 최수의 딜레마에 대한 컴퓨터 모의실험으로 호혜주의를 기반으로 하는 이타주의가 자연적으로 진화될 수 있음을 과학적으로 증명한다.

액설로드는 어떻게 그렇게 자신 있게 주장할 수 있는 것일까요? 그 비결은 협력이 늘 내게 손해를 끼치는 일은 아니라는 점에 있습니다. 협력이 타인에게만큼이나 내게도 득이 되는 상황이 적지 않다는 말입니다.

제로섬 게임이나 논제로섬 게임이라는 말을 들어 보았나요? 게임이론이라는, 개체들의 상호작용 양상과 그에 따른 결과를 수학적으로 다루는 학문 분야에서 나온 말인데요. 제로섬 게임은 한쪽이 이익을 보면 한쪽은 그만큼 손해를 보는 게임 혹은 관계를 의미하고, 논제로섬 게임은 그렇지 않고 둘 다 이익을 보는 것이 가능한 게임 혹은 관계를 의미합니다.

예를 들어 축구 경기를 생각해 봅시다. 경기에서 둘 다 이길 수는 없습니다. 한쪽이 승리하면 다른 한쪽은 패배합니다. 만약 두 팀 선수들이 돈을 모아 상품을 사고, 경기에서 승리하는 쪽이 다 가져가는 내기를 했다고 해 봅시다. 한 팀의 이득은 다른 한 팀의 손해가 되겠지요. 이런 게 제로섬 게임입니다. 만약 세상의 모든 관계가 제로섬 게임과 같다면, 남과 협력하는 일은 생기기 어려울 것입니다. 타인에게 이로운 것이 나에게는 손해이니 손해를 감수하고서도 협력을 하기는 어려우니까요.

그런데 세상일이 다 그렇지는 않습니다. 다른 사람이 이익을 얻는 것이 내게도 득이 되는 상황, 즉 둘 다 이기는 것이 가능한 논제로섬 게임도 있으니까요. 예를 들어 친구와 함께 조별 과제를 한다고 해 봅시다. 친구가 과제를 잘 이해하고 그래서 선생님에게 칭찬을 듣는다고 내가 손해를 입는 것은 아닙니다. 오히려 반대입니다. 우리의 작업이 더 좋은 결과를 얻을 수 있기에 이익이라고 해야겠지요. 유치한 질투심만 좀 억누르면, 친구가 이익을 얻는 것은 내게도 이익입니다. 이런 형태의 관계라면, 아무런 상관없는 생판 남이라도 협력을 할 만한 동기가 생깁니다. 결국 나에게도 이익이 되니까요. 그러니까 친구가 더 많은 자료를 검토할 수 있도록 여러 사이트를 소개할 수도 있고 맛있는 것을 사 줄 수도 있습니다.

어떤가요? 협력이 마구 일어날 것 같은가요? 안타깝게도 세상일은 그렇게 간단하지 않습니다. 논제로섬 게임이라고 무조건 협

력이 발생하는 것이 아닙니다. 협력하는 것이 내게 이익이 되는 경우에도, 협력이 일어나기 어렵게 만드는 요인들이 존재할 수 있기 때문입니다.

가장 대표적인 방해 요인이, 상대 뒤통수를 치고 배신하면 협력하는 것보다 더 많은 이익을 얻는 경우가 많다는 점입니다. 예를 들어 보죠. 신문기자와 정부 인사는 서로 협력하기에 적합한 관계를 맺고 있습니다. 정부 인사는 신문기자에게 기삿거리를 제공하여 협력하는 게 좋습니다. 그래야 정부 정책을 널리 알릴 수 있을뿐더러, 아무래도 기자에게 잘해 줘야 긍정적인 논조로 기사가 나올 테니까요. 거꾸로 신문기자 역시 정부 인사가 기사로 다뤄 줬으면 하는 일들을 기사로 다루는 것이 좋습니다. 협력해야 한다는 말입니다. 그래야 앞으로도 기사가 될 만한 정보를 많이 얻을 수 있지 않겠습니까?

하지만 이렇게 상부상조하는 것보다 더 큰 이익을 얻는 방법이 있습니다. 상대를 배신하고 이용하는 것입니다. 예를 들어 기자들 사이에는 이미 정보가 알려졌지만, 정부 인사는 당장 기사로 공개되지 않았으면 하는 사안이 있을 수 있습니다. 국가 안보나 외교와 관련된 사안들이 대표적입니다. 그래서 기자들에게 일정 기간 보도하지 말아 달라고 협력 요청을 합니다. 이런 걸 '엠바고' (embargo)라고 하죠. 기자 입장에서는 이에 협력한다면 앞으로도 취재원(즉, 정부 인사)과 좋은 관계를 가질 수 있기에 이익입니다.

하지만 더 큰 이익이 기자를 유혹합니다. 엠바고를 깨고 우리 신문만 이걸 미리 알려서 특종을 터트리면, 주목을 받을 수 있으니까요. 즉 정부 인사의 협조 요청을 배신하면 더 큰 이익을 얻을 수도 있다는 말입니다. 이렇게 되면 정부 인사는 곤란해지겠지요. 거꾸로도 마찬가지입니다. 정부 인사는 좀 불리한 정보라도 솔직하게 기자에게 말하는 것이, 즉 기자들의 기사 작성에 협력하는 것이 좋습니다. 하지만 늘 유혹에 시달리죠. 거짓말까지는 아니더라도 정보 전달을 의도적으로 늦추거나 모호하게 말할 수 있습니다. 그렇게 하는 게 정부 정책을 수행하는 데 더 유리한 경우가 있기 때문입니다. 이렇게 되면 이번에는 기자들이 왜 제대로 된 정보를 얻어 오지 못했냐고 신문사에서 질책을 받을 것입니다.

'죄수의 딜레마'라는 말을 들어 보았나요? 죄수의 딜레마는 이처럼 협력을 하면 이익을 얻기는 하는데 배신을 하면 더 큰 이익을 얻는 상황을 설명한 재미있는 가상의 이야기입니다. 이를 살펴보면, 이런 상황에서 인간이 어떻게 행동할지 예상할 수 있습니다. 좀 더 자세히 알아봅시다. (지금부터 들려 드릴 이야기는 죄수의 딜레마 원래 이야기와는 조금 다릅니다. 필자인 제가 쉬운 이해를 위해 수정한 것임을 밝혀 둡니다. 물론 이야기의 핵심은 동일합니다.)

두 사람이 함께 범죄를 저지르다가 경찰에 붙잡혔습니다. 가정집에 들어가서 돈을 훔치려다 검거된 것입니다. 그런데 불행히도 경찰이 주거침입에 대한 증거는 확보했지만 절도에 대한 증거는 확보하지 못했습니다. 돈은 없어졌는데, 이들이 훔쳐 갔다는 증거가 없는 것입니다. 붙잡힌 도둑들이 쥐도 새도 모르게 잘 숨겨 둔 것이지요. 경찰은 절도의 증거를 확보하기 위해 두 범죄자를 따로 떨어트려 놓은 후, 회유에 들어갑니다. 만약 절도 범죄 사실을 인정하고 돈을 어디다 두었는지 자백하면, 너만은 주거침입에 대한 죄도 없었던 일로 해 주겠다고 말입니다.

두 범죄자는 갈등에 빠집니다. 끝까지 모르쇠로 일관하면 처벌을 받긴 하겠지만 상대적으로 가벼운 처벌로 끝날 가능성이 큽니다. 주거침입죄에 대해서만 처벌받을 테니까요. 이는 공범과 협력하는 대가라고 해야겠지요. 반면 범죄 사실을 자백하면, 자신은 무죄 방면 될 수 있습니다. 대신 공범은 절도를 저지른 데다가 계속 거짓말을 했다는 죄까지 작용해 큰 처벌을 받겠지만 말이지요. 무죄 방면은 배반의 대가라고 할 수 있습니다. 문제는 상대도 이런 상황이라는 겁니다. 둘 다 배반을 하면 어떻게 될까요? 그러면 둘 모두 큰 처벌을 받겠지요. 이를 표로 표현해 보면 75쪽의 표와 같습니다.

이런 상황을 죄수의 '딜레마'라고 부르는 까닭은, 이런 상황에 처하면 개인들이 아무리 합리적으로 판단하려 해도 결국 좋지 않은 결과가 나오기 쉽기 때문입니다. 왜 그럴까요? 상황을 잘 살펴봅시다. 협력을 하면 둘 모두에게 이익입니다. 둘 다 1년 형만 받고 풀려날 수 있으니까요. 그런데 이런 상황에서는 누구도 쉽게

		B의 행동	
		협력	배반
A의 행동	협력	① A- 징역 1년 B- 징역 1년	③ A- 징역 5년 B- 징역 없음
	배반	② A- 징역 없음 B- 징역 5년	④ A- 징역 4년 B- 징역 4년

협력을 택하지 않습니다. 오히려 똑똑하면 똑똑할수록 배반할 가능성이 큽니다.

만약 여러분이 A의 입장이라고 해 봅시다. 상대인 B가 어떻게 행동할지는 알 수 없습니다. 협력할지 배반할지 모른다는 말입니다. 일단 B가 협력한다고 해 보죠. 그러면 우리에게 선택지는 두 가지가 있습니다. 나도 협력하거나, 아니면 배반하거나. 나도 협력하는 상황을 생각해 봅시다. ①번 상황인 것이죠. 그러면 나(A)는 징역 1년을 받습니다. 배반한다면 어떻게 될까요? ②번 상황입니다. 그러만 나(A)는 징역을 받지 않습니다. 어떻게 하는 게 합리적인가요? 징역 1년을 받는 것보다는 받지 않는 게 좋겠죠? 즉 상대가 협력한다면 배반하는 게 이익입니다.

반대로 이번에는 상대인 B가 배반을 한다고 해 보죠. 이때도 나(A)의 선택지는 두 가지입니다. 나는 B와 달리 협력한다고 해 봅시다. ③번 상황입니다. 그러면 나는 징역 5년을 받습니다. 이번에는 나도 B처럼 배반한다고 해 보죠. ④번 상황입니다. 그러면 나는 징역 4년을 받습니다. 어떤 쪽이 좋을까요? 당연히 징역 5년보다는 4년이 좋죠. 그러면 상대가 배반을 할 때에도 배반을 선택하는 게 이익입니다. 요컨대, 상대가 협력을 하든 배반을 하든, 나는 배반을 선택하는 게 합리적인 판단입니다. 이는 B의 입장에서도 마찬가지입니다.

그래서 이런 상황에서는 대부분 둘 다 배반을 하게 됩니다. ④번 상황으로 귀결된다는 말입니다. 협력을 하면 둘 다 징역 1년에 그칠 수 있었지만, 각자 합리적으로 머리를 굴린 결과 둘 다 징역 4년을 받게 되는 것이지요. 협력을 하면 이익을 얻을 수 있는데도, 똑똑하면 똑똑할수록 배반의 유혹에 빠져 둘 모두 큰 손해를 보게 되는 상황이기에 이를 딜레마라 부릅니다. 죄수의 딜레마는 협력이 이익이 되는 상황이라 해서 자동적으로 협력이 발생하지 않음을 알려 줍니다. 왜냐하면 세상에는 상대에게 협력하는 것이 내게 이익이 되기는 하지만, 배반을 하면 더 큰 이익을 얻는 경우가 많기 때문입니다.

팃포탯: 관대하되, 단호하라!

어라, 어쩌다 보니 다시 협력이 불가능하다는 이야기를 한참 한 것 같습니다. 대체 협력이 가능하다는 이야기를 하려는지 아니면 불가능하다는 이야기를 하려는지 헷갈리죠? 액셀로드의 이야기를 이해하려면 이것까지는 설명해야 했습니다. 왜냐하면 액셀로드는 이처럼 협력이 등장하기 어려운 죄수의 딜레마 상황에서조차, 몇 가지 조건이 갖춰지면 특이한 형태의 협력이 출현하고, 그것이 매우 강력하게 유지된다는 이야기를 하거든요.

액셀로드의 관심사는 이기적인 개인들이 즐비한 상황에서 과연 협력이 창출될 수 있는지 알아보는 것이었습니다. 액셀로드는 실험을 해 보기로 했습니다. 실제 인간을 대상으로 실험을 하기는 어려우므로, 컴퓨터 프로그램을 통해 실험을 하기로 했습니다. 그 실험은 다음과 같습니다.

죄수의 딜레마 상황을 가정하고, 여러 전략의 프로그램들을 상호작용시킵니다. 그러니까 서로 협력하면 둘 다 적절한 점수, 예를 들어 3점을 얻고, 나만 배반하면 나는 5점을 얻는 대신 상대는 0점을 얻고, 둘 다 배반하면 둘 다 1점만 얻는 게임을 가정합니다. 그리고 특정한 전략을 가진 프로그램들끼리 게임을 하게 만드는 것이지요. 게임은 한 번이 아니라 200번 정도 반복됩니다. 하나의 프로그램이 다른 프로그램들과 만나는 횟수가 200번이고 그때마다 결과가 주어져서 누적된다는 말입니다. 각 프로그램의 전략은 무조건 협력하는 것일 수도 있고, 무조건 배반하는 것일 수도 있습니다. 조건에 따라 협력과 배반을 선택하는 것일 수도 있지요. 그리고 이 200번의 게임에서 종합적으로 가장 좋은 성과를 내는 프로그램이 어떤 것인지 관찰합니다. 그리고 다른 것보다 좋은 성과를 내는 상위 프로그램들이 '살아남았다'고 가정하고, 그들만 가지고 또 게임을 하게 만듭니다. 그리고 이런 과정을 반복합니다. 마치 생명의 진화에서 자연선택이 작동하는 것처럼 말입니다.

액설로드는 과연 이 과정에서 '협력'을 주요 전략으로 채택한 프로그램이 살아남을 수 있는지 궁금해했습니다. 사실 액설로드가 고안한 게임은 협력에 해가 되는 요소를 잔뜩 가지고 있습니다. 우선 각 프로그램들은 특별히 타인을 신경 쓰지 않습니다. 다 자기 점수를 높이는 데 혈안이 된 '이기적' 개체들입니다. 게다가 상황은 죄수의 딜레마 상황입니다. 상대가 어떻게 행동할지는 모르지만, 서로 협력하면 이익을 얻고, 나만 배신하면 더 큰 이익을 얻고, 둘 다 배신하면 둘 다 별로 얻는 게 없는 상황입니다. 그리고 앞서 설명했다시피, 이는 배반의 유혹을 강하게 불러일으키는 상황이기도 하지요.

다만 한 가지 추가된 것은, 이런 상황이 반복된다는 것입니다. 프로그램들은 서로 한 번만 상호작용하지 않습니다. 200번 정도 반복합니다. 여기서 살아남은 프로그램들은 자기들끼리 또 게임을 반복합니다. 이는 현실을 더 정확히 반영하는 가정입니다. 우리 인생은 단판 승부가 아닙니다. 죄수의 딜레마에서 등장한 죄수 A, B와 달리, 우리는 어제 만난 친구와 오늘 만나며, 내일도 또

만납니다. 그리고 그 친구에게 협력할지 배반할지 매번 결정해야 하지요. 사실 죄수의 딜레마에 놓인 죄수들도, 만약 그들이 현실에 존재하는 범죄자들이라면, 출소하면 십중팔구 다시 만나게 될 것입니다.

이름을 붙이자면 '반복되는 죄수의 딜레마' 상황에서 가장 높은 점수를 얻은 프로그램은 어떤 것이었을까요? 놀랍게도 협력을 주요 전략으로 삼은 팃포탯(Tit for Tat)이라는 프로그램이었습니다. 팃포탯은 기본적으로 협력하되, '눈에는 눈, 이에는 이' 방식으로 상대를 대하는 프로그램이었습니다. 팃포탯은 어떤 프로그램을 처음 만나면 일단 협력합니다. 상대도 협력하면 앞으로도 계속 그 프로그램과는 협력합니다. 그런데 상대가 배반을 할 수 있습니다. 그러면 그걸 잘 기억해 두었다가, 다음에 만나면 배반으로 복수합니다. 그래서 팃포탯은 '기본적으로 협력하되 배반을 기억했다가 복수하는 프로그램'으로 정의할 수 있습니다. 그런데 이런 프로그램이, 앞서 말했듯 협력이 일어나기가 참으로 어려운 상황에서, 가장 높은 점수를 얻은 것입니다.

어떻게 이런 일이 가능했을까요? 이기심이 판치는 곳에서 어떻게 협력을 기본 전략으로 삼은 프로그램이 가장 성공적일 수 있었을까요? 팃포탯이 상대 프로그램의 협력을 유도하는 성질을 가졌기 때문입니다. 각 프로그램들이 마주한 상황을 다시 한 번 머리에 떠올려 봅시다. 앞서 살폈던 죄수의 딜레마 상황과 동일

		B의 행동	
		협력	배반
A의 행동	협력	A: 3점 / B: 3점	A: 0점 / B: 5점
	배반	A: 5점 / B: 0점	A: 1점 / B: 1점

한데, 징역 대신 위의 표와 같은 점수가 주어집니다.

팃포탯은 일단 처음에는 무조건 협력합니다. 만약 상대가 똑같이 협력하면, 둘 다 좋은 점수를 얻습니다. 그런데 만약 상대가 배반하면, 팃포탯은 좋은 점수를 얻지 못합니다. 대신 나중에 그 상대를 만났을 때 배반으로 응수합니다. 눈에는 눈, 이에는 이인 셈이지요. 결국 둘 다 좋은 점수를 얻지 못합니다. 이런 행동 양식은 다른 프로그램들에게 뚜렷한 메시지를 줍니다. '배반할 생각일랑 마라. 그러면 너도 손해를 볼 것이다.'라는 메시지 말입니다.

계속해서 팃포탯 프로그램을 배반하는 프로그램은 팃포탯의 복수를 계속 경험할 것입니다. 그러면 그 프로그램도 계속해서 1점을 얻을 테니 높은 점수를 얻을 수 없겠지요. 즉 팃포탯은 상대가 내게 협력해야만 그도 이익을 얻을 수 있는 태도를 취합니다. 이기적이고 똑똑한 프로그램들이라면, 당연히 팃포탯과는 협력하려 할 것입니다. 이런 방식으로 팃포탯은 상대 프로그램들의 협력을 이끌어 냅니다. 그러면 팃포탯은 협력의 열매를 계속해서 얻을 수 있습니다. 이것이 팃포탯이 승승장구할 수 있었던 비결입니다.

팃포탯 말고 다른 전략은 어떨까요? 두 가지 극단적인 전략을 상상해 볼 수 있습니다. 앞서 죄수의 딜레마 상황에서는 배반이 가장 합리적인 선택이라고(비록 그게 전체적으로는 나쁜 결과로 이어져도) 말씀드렸죠? 그러면 계속 배반만 하는 전략을 채택한 프로그램이 있다면 어떤 결과를 낳았을까요?

실제로 이런 단순한 전략이 제출된 것은 아니지만, 아마 그리 좋은 성과를 내지는 못했을 것입니다. 왜냐하면 게임이 한 판으로 끝나는 것이 아니라 200번이나 반복되고, 상대 프로그램들이 이 프로그램이 배반만 한다는 것을 알게 될 것이기 때문입니다. 이 프로그램이 배반을 한다는 사실을 안 상대 프로그램들은 결코 이 프로그램에 협력하지 않습니다. 협력을 기본 전략으로 삼는 팃포탯도 상대가 배반을 하면 단호하게 배반으로 응징하지 않습니까? 그러면 배반만 하는 프로그램은 순진하게 협력을 선택한 다른 프로그램을 첫 번째 판에서 등쳐 먹을 수는 있을지 몰라도, 두 번째 판부터는 그러기 힘듭니다. 그리고 곧 모든 프로그램과 한 번씩은 만났기 때문에, 전에 만나서 내가 뒤통수를 쳤던 프로그램들과 다시 경기를 해야 합니다. 그러면 1점 이상의 점수를 얻을 수는 없겠지요.

배반만 하는 전략은, 그러니까 이기심의 극한을 상징하는 전략은 결코 좋은 결과를 얻을 수 없습니다. 왜냐하면 그것은 상대의 배반을 유도하고, 이는 나에게도 결코 좋지 않은 일이기 때문입니다. 실제로 액설로드가 개최한 대회에도 배반을 주요 전략으로 채택하는 프로그램이 다수 제출되었고, 이들은 위에서 말한 문제에 곧 부딪혔습니다. 상대 역시 배반으로 대응하게 된다는 문제 말입니다.

그러면 거꾸로 협력만 하는 천사표 전략은 어떨까요? 역시 실제로 이런 프로그램이 제출된 것은 아니지만, 조금만 생각해 보면 이런 프로그램 역시 성공할 수 없음을 알 수 있습니다. 왜냐하면 이 프로그램이 무조건 협력한다는 사실을 알게 되면, 다른 프로그램들은 이 프로그램을 이용해 먹으려고 몰려들 것이기 때문입니다. 앞의 점수표를 보면, 내가 협력했을 때 상대가 배반하면 얻는 게 가장 적습니다. 반면 상대는 얻는 게 가장 많죠. 늘 협력만 하는 프로그램은 프로그램들 사이에서 점수를 얻기 위한 '봉'이 되기 마련입니다. 당연히 점수도 많이 얻지 못할 것입니다.

요컨대 프로그램들은 크게 두 가지 문제를 극복해야 합니다. 첫 번째는 배반의 메아리입니다. 한 번 배반하는 것은 단기적인 이익을 가져다줄지는 몰라도, 향후 상대의 배반을 불러올 수 있습니다. 상호 복수가 시작되는 것이지요. 그리고 여러 영화와 드라마에서도 잘 보여 주듯이, 상호 복수는 늘 끔찍한 공멸을 불러옵니다. 두 번째는 이용당하는 일입니다. 무조건 착하게 대하면,

모두에게 봉이 됩니다. 그에게는 협력할 필요가 없습니다. 그냥 이용해 먹는 것이 훨씬 이익이지요. 팃포탯은 이런 두 가지 위험을 성공적으로 회피했습니다. 즉 이용당하지도 않고 그렇다고 배반의 메아리를 일으키지도 않으면서 협력의 이익을 누리는 프로그램이었다는 말입니다. 그것은 팃포탯이 신사적이고, 보복적이고, 관대하고, 명료하기 때문에 생기는 효과입니다.

팃포탯은 신사적입니다. 상대가 누구든 기본적으로 협력합니다. 이는 협력의 과실을 누리기에 적합한 태도입니다. 하지만 마냥 착하지 않습니다. 상대가 배반하면 단호하게 보복합니다. 이런 태도는 상대가 팃포탯을 함부로 이용하지 못하게 만듭니다. 팃포탯을 이용하려 들면, 상대도 큰 손실을 입게 될 테니까요.

동시에 관대합니다. 단 한 번 배반했다고 해서 그 프로그램과 계속해서 적대하면, 즉 계속 배반을 선택하면 그것도 손해입니다. 왜냐하면 상대가 행동을 수정하고 나에게 협력할 기회를 주지 못하기 때문입니다. 상대 프로그램이 팃포탯의 복수를 경험한 이후 적어도 팃포탯과는 협력하려 시도하려 해도, 팃포탯이 너무 완강하게 나오면 그럴 수가 없습니다. 그래서 팃포탯은 한 번 복수한 다음에는 용서합니다. 깔끔하게 과거를 잊고 관대하게 협력한다는 말입니다. 이를 통해 팃포탯은 자기에게 협력할 수 있는 프로그램의 숫자를 늘려 나갑니다. 이런 전략은 게임이 반복될수록 큰 힘을 발휘합니다.

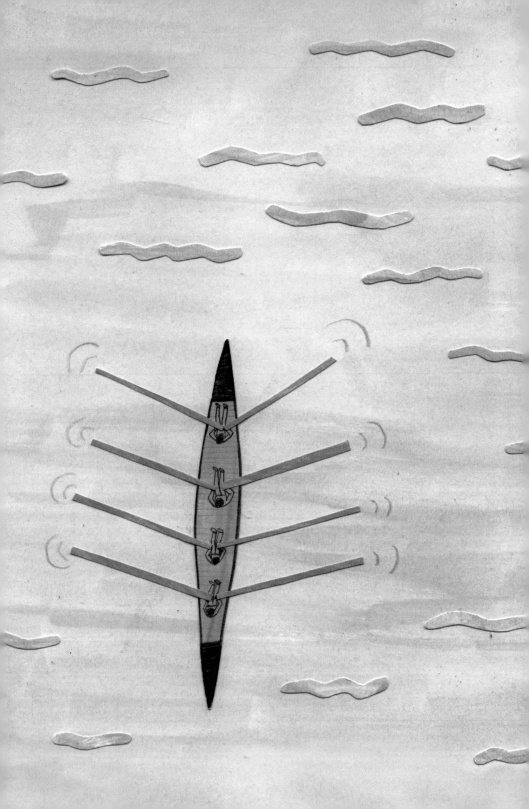

마지막으로 팃포탯은 명료합니다. 게임에 출전한 여러 프로그램들의 전략들과 비교하자면, 팃포탯은 굉장히 단순한 전략입니다. '기본적으로 협력하되, 상대가 배반하면 나도 배반하고, 한 번 배반한 이후에는 다시 협력하라.'가 전부입니다. 이런 단순함은 상대가 팃포탯의 전략을 쉽게 이해하게 만들었습니다. 덕분에 웬만큼 똑똑하고 합리적인 프로그램이라면, 팃포탯과는 협력하는 것이 낫다는 결론을 쉽게 내릴 수 있습니다. 명료성 또한 팃포탯이 협력을 유도할 수 있었던 중요한 이유였습니다.

팃포탯의 강건한 성공은 신사적이고, 보복적이고, 관대하고, 명료한 특성들이 조합된 결과다. 신사적이라 쓸데없는 문제에 휘말리지 않고, 보복적이기에 상대가 배반을 시도할 때마다 더 이상 지속하지 못하게 억제한다. 관대함은 상호 협력을 회복하는 데 도움이 되며, 명료성은 상대로 하여금 이해하기 쉽게 해서 장기적 협력을 이끌어 낸다.

액설로드가 가정하는 상황은 협력이 일어나기 힘든 요소들로 가득합니다. 애초에 죄수의 딜레마라는, 협력이 일어나기 힘든 조건을 프로그램들에게 부여했습니다. 게다가 프로그램들은 자신의 점수를 높이는 데에만 관심을 가집니다. 이를 위해 상대를 배반하고 이용하는 일에 거리낌이 없습니다. 그런데 놀랍게도 이

게임의 승자는 앞에서 말한 대로 팃포탯이었습니다. 협력을 기본적인 전략으로 삼은 프로그램이, 피가 섞이지 않았음은 물론 가벼운 인정조차 기대할 수 없는 컴퓨터 프로그램들의 점수 경쟁에서 가장 높은 점수를 획득했던 것입니다. 이 시뮬레이션 결과는 곧 전 세계로 알려졌고, 혈연 선택 이외에 협력이 진화할 수 있는 길을 찾고 있던 많은 이들에게 큰 충격을 안겨 줬습니다.

협력을 우리 삶의 도구로
만드는 방법

협력이 일어나는 조건

협력이 발생하는 것은 쉬운 일이 아닙니다. 만약 남에게 협력을 하면 자신이 손해를 보는 상황일 경우, 협력을 하는 개체는 시간이 갈수록 점차 줄어들 것입니다. 협력을 하는 것이 손해가 아닐 때조차, 배신의 유혹 때문에 협력이 깨지는 경우가 허다합니다. 혈연관계 바깥에서 이타적인 행동을 발견하기 어려울 것이라 이야기한 도킨스는, 사실 이처럼 분명하고 냉엄한 사실을 지적한 것입니다. 액설로드의 시뮬레이션이 인상적인 것은, 자기 점수가 가장 큰 관심사인 이기적인 프로그램들이 도저히 협력이 만들어질 수 없을 것 같은 상황에서(혈연 없음＋죄수의 딜레마) 게임을 벌였는데도, 협력 중심 전략을 택한 프로그램(팃포탯)이 성공할 수 있음을 보여 줬기 때문입니다.

'기본적으로 협력하되 배반하면 갚아 준다.'라는 명제로 요약할 수 있는 팃포탯이 이런 열악한 상황에서 높은 점수를 얻을 수 있었던 것은 크게 두 가지 조건이 존재했기 때문입니다. 첫 번째는 게임이 한 번만 일어난 것이 아니라 여러 번 일어났던 점이고, 두 번째는 각각의 프로그램들이 다른 프로그램이 과거에 자신에게 어떻게 대했는지 기억할 수 있었다는 점입니다. 이런 상황에서 팃포탯은 과거에 자신을 배반한 상대는 다음번에 잊지 않고 배반으로 보복함으로써, 게임이 거듭될수록 많은 프로그램들의 협력을 이끌어 낼 수 있었습니다. 이를 통해 높은 점수를 안정적으로 계속 얻을 수 있었던 거죠.

이 두 가지 조건은 컴퓨터 프로그램의 세계를 넘어서 다른 분야로 확장될 수 있습니다. 인간을 포함한 생명의 세계에서도 배반당할 위험이나 그런 위험을 통제하는 방법은 그리 다르지 않기 때문입니다. 위에서 언급한 두 가지 조건을 여러 생명에게 적용할 수 있는 좀 더 일반적인 언어로 다듬는다면, 그것은 다음과 같을 것입니다. 첫째, 한번 만나서 상호작용했던 상대와 또다시 만날 가능성이 있을 것. 둘째, 다시 만난 상대를 알아보고 과거 그가 어떻게 행동했는지 기억하여 필요하면 복수할 수 있을 것.

우선 '한번 만난 상대와 다시 만날 가능성'은 배반의 유혹을 차단한다는 점에서 중요합니다. 앞서 죄수의 딜레마 상황에서 배반이 굉장히 유혹적인 선택지임을 말씀드렸죠? 그래서 서로 배반하다가 모두가 수렁에 빠지는 일이 많다는 사실도요. 이런 유혹을 꾹 참게 만드는 것이, 상대와 다시 만날 가능성입니다. 함부로 배반했다가 그를 다시 만나게 되면 보복당할 수 있습니다. 그 두려움이 배반 대신 협력을 선택하게 만듭니다. 거꾸로 다시 만날 가능성이 없다면, 얼마든지 상대의 선의를 이용하고 배반해도 됩니다. 뒤통수치고 안 보면 그만이니까요.

그래서 협력은 제한된 범위에서 소수의 인원이 지속적으로 상호작용할 때 발생하기 쉽습니다. 큰 도시보다 작은 마을에서 상부상조가 잘 일어나는 것도 그 때문이지요. 여러분도, 잠깐 왔다가는 특강 강사 선생님보다는 1년 동안 함께 지내게 되는 담임선생님과 원만한 관계를 유지하는 것이 더 중요하지 않습니까? 부모님이 어떤 사람에게 잘 대해 줘야 한다고 여러분을 설득할 때, "앞으로도 계속 볼 사람(친구)인데……." 하면서 말씀하신 적이 있을 겁니다. 그건 계속되는 상호작용이 배반을 억제하기 때문에 나온 말입니다.

다시 만나기만 해서는 안 됩니다. 과거에 만난 상대를 식별하고, 필요할 경우 복수할 수 있어야 합니다. 완전한 익명이 허용되는 인터넷 커뮤니티를 떠올려 봅시다. 정해진 아이디가 있지 않다면, 그 커뮤니티의 분위기가 어떨까요? 나도 상대를 모르고, 상대도 나를 모릅니다. 그러면 서로 정중하거나 친절하게 대할 필요가 없습니다. 신나게 욕을 해도 복수를 당할 염려가 없으니까요. 그러면 욕으로 범벅이 된 게시판이 되겠지요. 그래서 여러 인터넷 커뮤니티들이 사용자들이 서로를 식별하고 어떤 사람이 과거에 어떠한 말을 하고 활동을 했는지 알 수 있도록, 정해진 아이디를 사용하게 만들고 중복 아이디를 사용하는 것을 제한하는 것입니다.

계속 만나고 필요하면 복수할 수 있다는 조건이 충족되면, 협력이 만들어지기 어려울 것 같은 상황에서도 협력이 출현합니다. 심지어 서로 총을 겨누고 있는 적대국의 병사들 사이에서도 협력이 만들어지기도 하는데요. 먼저 아래의 글을 보죠. 영국군 장교였던 사람이 독일군과 대치할 때의 경험을 회상한 것입니다.

A중대와 함께 차를 마시고 있는데 갑자기 바깥에서 시끄럽게 고함치는 소리가 들려서 무슨 일인가 나가 보았다. 우리 병사들과 독일군이 각기 자기들 진지 위에 올라가 있었다. 그런데 갑자기 일제 사격이 가해졌다. 하지만 다친 사람은 아무도 없었다. 양측 모두 내려왔고 우리 병사들이 독일군에게 욕을 해 대기 시작했다. 그때 갑자기 용감한 독일군 한 명이 진지 위로 뛰어 올라가더니 이렇게 외쳤다. "이 일에 대해서 우리는 정말 미안하게 생각한다. 아무도 다치지 않기를 바란다. 그건 우리 잘못이 아니었다. 빌어먹을 프러시아 포병놈들 때문이다."

이게 어떻게 된 일일까요? 전쟁이라 함은 상대를 섬멸하는 무서운 과정인데, 오히려 상대의 목숨을 염려하는 병사라니요. 그런데 1차 세계대전에서 영국군과 독일군이 참호전을 하면서 대치할 때는 이런 상황이 심심찮게 벌어졌다고 합니다. 물론 서로 공격은 합니다. 하지만 정해진 시간, 정해진 방향으로 발포합니다. 그때 그 장소만 피하면, 서로의 소총 사거리에 들어가 있어도 안심입니다. 그래서 병사들이 상대의 총구가 향하고 있는 곳을 자유롭게 돌아다니곤 했다 합니다. 다만 서로 위협은 했습니다. 예를 들어 독일 저격병은 오두막의 한 점을 조준하여 계속 사격을 했습니다. 사격 실력을 과시하여 언제든 상대를 정확히 공격할 수 있음을 각인시키는 거지요. 그러니까 서로 엉뚱한 곳에 쏘기로 한 암묵적 규칙을 깨지 말라는 겁니다.

이런 희한한 일은, 참호를 파고 대치하는 참호전이라는 것이 동일한 적과 오랜 기간 마주 보고 있는 형태인 탓에 생겨났습니다. 전쟁에 동원된 병사의 가장 큰 목표는 뭘까요? 냉정히 말해, 적의 절멸도 조국의 승리도 아닙니다. 살아서 돌아가는 것입니다. 사실 평범한 병사 입장에서 국가 간의 정치나 적대가 무슨 상관이겠습니까? 우리가 그렇듯이, 평소에 그런 걸 엄청나게 신경 쓰면서 사는 사람은 별로 없습니다. 그렇기에 무엇보다 살아서 그곳을 벗어나는 게 목표지요.

이 목표를 성취하기 위해서는 크게 두 가지 방법이 있습니다. 하나는 위에서 시키는 대로 적을 섬멸하는 것입니다. 적을 섬멸하면 전쟁이 끝날 테니 집에 갈 수 있을 겁니다. 다른 하나는 뭘까요? 적과 협력하는 것입니다. 상대 병사도 나와 마찬가지로 집에 가고 싶을 테니, 그냥 서로 총을 쏘는 척만 하고 전쟁이 끝나기를 기다리는 것이지요. 영원히 전쟁을 할 수는 없으니 결국 전쟁은 끝이 날 테고, 그때까지 살아남는다면 둘 다 집으로 돌아갈 수 있을 겁니다. 요컨대 적어도 병사들 수준에서는, 적을 섬멸할 동기만큼이나 적과 협력할 동기가 있습니다.

그럼에도 쉽사리 적과의 협력이 일어나지 않는 것은, 그가 나를 공격하지 않으리라는 보장이 없기 때문입니다. 처음 만나는 독일 병사, 혹은 영국 병사가 나를 공격할지 안 할지 어떻게 알겠습니까. 그러면 무조건 공격, 즉 배반하는 게 안전합니다. 그런데 만약 상대 병사들을 오래도록 볼 상황이라면 어떨까요? 그리고 상대가 배반한다면 바로 그 상대에게 정확히 복수할 수 있는 상황이면 어떨까요? 그러면 협력을 시도해 볼 만합니다. 엉뚱한 곳으로 총알이나 포탄을 날려 피해를 입지 않도록 만드는 방식으로 말입니다. 그래도 상대가 우리를 공격한다면, 그때는 그 싸가지 없는 놈에게 보복해 주면 되니까요.

앞에서 말한 참호전이 이런 조건이 갖추어지는 상황입니다. 참호전에서는 서로 일정 거리에 참호를 파고 계속해서 서로 대치합니다. 이러면 계속 동일한 상대와 상호작용(전투)을 해야 하고, 언제든 정확히 복수할 수 있습니다. 그리고 이런 형태의 전투가 장기화되자, 양측은 서로가 가지고 있었던 '협력 의사'를 인지했습니다. 그러고는 계속 서로 협력했습니다. 어차피 목표는 살아서 돌아가는 것이기에, 협력해서 살아남으면 둘 다 좋은 것이니까요.

이런 흥미로운 이야기는 협력이 생각보다 굉장히 발생하기 쉽다는 점을 알려 줍니다. 앞서 말했듯, 협력이 서로에게 이익이 되고, 계속해서 같은 상대와 만나고, 필요할 경우 보복할 수 있다는 조건이 충족된다면 말입니다. 그러면 혈연이 없는 것에 더해 심지어 상호 적대가 당연시된 전쟁 같은 상황에서도 협력이 발생할 수 있습니다. 그리고 이런 단순한 사실은 우리가 협력을 만들어 내야 할 때 채택할 만한 전략을 알려 주기도 합니다. 어떤 사람들 사이에 협력이 일어나는 것을 원한다면, 그 사람들이 계속 반복해서 만나서 상호작용해야 하는 상황을 만들라는 것이지요. 그러면 비록 배반하는 것이 단기적으로 득이 되더라도, 사람들은 협력을 택할 것입니다. 사람들은 기억력이 좋아서, 나를 배반했던 사람을 다시 만나면 귀신같이 기억하고 알아봅니다. 이때 복수가 두려운 사람은 협력하기 마련이지요.

한 가지 주의해야 할 것이 있습니다. 앞서도 몇 번 말했지만, 협력이 늘 좋은 것은 아니라는 점입니다. 지휘관들 입장에서 참호전에서 일어나는 병사들 사이의 협력은 근절 대상이었습니다. 그래서야 적을 이길 수가 없으니까요.

그렇게까지 멀리 가지 않아도, 협력 때문에 문제가 생기는 모습을 많이 볼 수 있습니다. '정경 유착'이라는 말을 들어 보았나요? 정부 주요 인사와 기업 인사가 너무 친해져서 과도하게 협력하는 것을 의미합니다. 불법적으로 말이죠. 기업가는 뇌물을 주고, 정부 인사는 기업에 유리하도록 규제를 조정하는 것이 잘 알려진 '협력'의 방식입니다. 1997년에 대한민국이 IMF로부터 구제금융을 받아야 할 만큼 큰 경제 위기를 겪은 것에도, 이런 정경 유착이 한몫했습니다. 정상적인 기준으로는 대출을 받을 수 없는 기업이 있었는데, 그 사장이 정부 인사와 친했던 탓에 계속 은행에서 대출을 받았습니다. 결국 그 기업은 무너졌고, 돈을 빌려준 은행은 돈을 못 받아 위기에 빠졌지요. 은행이 부실해지면 국가 경제에 큰 악영향을 미칩니다. 이것이 다른 여러 요인과 합쳐져 전체적인 위기를 불러온 것입니다.

뿐만 아닙니다. 기업들 사이에 불법적 협력이 일어날 때도 있습니다. 예를 들어 휴대폰을 만드는 회사가 두 개 있다고 해 봅시다. 설명의 편의를 위해 정말 딱 두 개만 있다고 해 보죠. 소비자 입장에서는 두 회사가 경쟁을 해서 더 좋은 제품을 만들고 가격도 내려야 좋습니다. 그런데 두 회사가 경쟁하는 대신 협력하는 겁니다. 일정 수준 이상의 휴대폰을 개발하지 않기로 합의하고, 가격도 협의해서 두 회사에서 나오는 제품 모두 높은 가격을 매겨 버리는 거죠. 이러면 기업들은 굳이 기술 개발에 돈을 쓰지 않아도 되고 경쟁하지 않아도 됩니다. 대신 휴대폰이 필요한 소비자들은 낮은 질의 제품을 높은 가격에 살 수밖에 없습니다. 이걸 기업들 사이의 '담합'이라고 하지요.

때로는 협력을 저해하는 것이 목표가 될 때도 있습니다. 정치인과 기업인이 서로 소원하게 만들고, 기업들이 서로 경쟁하면서 견제하게 만드는 것이 목표가 될 때가 있다는 말입니다. 그때는 앞서 살펴본 협력의 조건을 제거하는 것이 큰 도움이 됩니다. 예를 들어 상호작용의 대상을 계속해서 바꿔 버리는 것입니다. 정경 유착이 염려되면, 특정 기업과 관련된 업무를 하는 정부 부처 사람을 계속 교체하는 것도 좋은 방법입니다. 이렇게 되면 기업가 입장에서는 상대 정부 인사가 계속 볼 상대가 아니므로, 협력할 이유가 없습니다. 정확히 말해 협력해 봤자 나를 계속 도와줄 수 있을지 알 수 없으니 굳이 잘해 줄 필요가 없지요. 정부 인사 입장에서도 곧 다른 부처로 가는데, 굳이 협력해서 위험을 감수할 이유가 없습니다. 그러면 정부와 기업이 유착해서 문제를 일으킬 가능성이 낮아지겠지요.

이처럼, 협력의 노하우는 협력이 해를 끼칠 때 협력을 해체하는 방식으로도 사용될 수 있습니다. 기억하시길. 반복해서 만난다는 것과 상대의 행동을 기억한다는 것이 협력의 조건이라는 것을. 이는 협력을 발생시켜야 할 때는 물론, 협력을 그만두게 해야할 때 큰 도움이 되는 지식입니다.

협력을 이끌어 내는 노하우

협력을 위한 조건이 이루어져 있다고 해서 모두가 협력의 단맛을 맛보는 것은 아닙니다. 사실 위에서 말한 조건, 즉 '정해진 상대와 지속적으로 상호작용하고 상대의 행동에 따라 필요할 경우 보복할 것'은 생각보다 굉장히 평범하고 일반적인 조건입니다. 특히 인간처럼 다른 생명체에 비해 기억력이 비상하면서도 주로 정해진 장소에 살면서 이웃과 계속 뭔가를 같이 해야 하는 존재라면 말이지요. 이런 상황에서는 분명 팃포탯과 같은 상대의 협력을 이끌어 내는 전략이 필요합니다. 하지만 사람들은 이처럼 합리적인 전략을 좀처럼 선택하지 않습니다. 뻔히 복수당할 것을 알면서도, 배반하거나 적대적인 태도를 취하는 경우가 많습니다.

컴퓨터 시뮬레이션에서도 마찬가지였습니다. 앞서 액설로드가 여러 컴퓨터 프로그램을 동원한 실험을 통해 팃포탯 전략의 우수성을 증명했다고 했죠? 이 컴퓨터 실험에 참가한 프로그램은 액설로드가 만든 것들이 아닙니다. 액설로드는 대회를 열고, 여러 학자들에게 프로그램을 만들어서 참가해 줄 것을 요청했습니다. 그래서 여러 학자들이 프로그램을 짜서 참가했습니다. 예를 들어 앞서 말한 팃포탯은 아나톨 라포포트(Anatol Rapoport)라는 학자가 제출한 것입니다. 그런데 이런 수많은 프로그램들 중 협력을 주요 전략으로 삼은 프로그램은 극소수였습니다. 오히려 상대 프로그램을 이용하고 배신하려는 전략을 세련되게 고안한 것이 많았습니다. 그리고 이들은 어김없이 실패했지요.

> 대회 분석 결과는 상호 세력이 맞서는 환경에서의 협력에 대해 연구할 것이 아주 많음을 시사한다. 정치학, 경제학, 사회학, 심리학, 수학 분야의 전략 전문가들조차도 관용을 충분히 베풀지 않고, 상대의 협조 가능성에 대해 너무 비관적으로 생각하며, 자기 이익을 위해 지나치게 경쟁적이 되는 체계적 오류를 범했다.

왜 사람들은 실제로 사람을 만나든 컴퓨터 프로그램을 짜든, 쉽게 협력을 선택하지 못하는 것일까요? 혹시라도 배신하면 다음에 갚아 줄 수 있음에도 말입니다. 여러 이유가 있겠지만, '질투심'은 협력을 가로막는 중요한 요인입니다. 가끔 우리는 착각을 합니다. 내 눈앞에 있는 사람 혹은 친구보다 '더' 잘하는 것이 나의 목표라고 말입니다. 예를 들어 내 친구보다 모의고사 점수를 잘 받았으면 좋겠습니다. 그렇게 옆에 있는 사람들 하나하나 이겨 나가다 보면 결국 굉장히 큰 성취를 할 거라고 믿습니다. 그래서 내 옆에 있는 사람이 나보다 좀 더 잘하는 것을 편안히 바라보기가 힘듭니다. 사촌이 땅을 사면 배가 아프다는 속담도 있지 않습니까?

하지만 이는 어리석은 태도입니다. 많은 경우 내 실제 목표는 친구나 근처 이웃을 이기는 것이 아니기 때문입니다. 나의 궁극적 목표는 내 친구보다 모의고사를 잘 치는 게 아니라, 대학이나 고등학교 입시에서 좋은 결과를 내는 것입니다. 내 친구를 이긴다고 입시에서 좋은 성과를 낼 수 있는 것은 아닌데, 우리는 종종 눈앞에 있는 사람을 이기는 데 급급합니다. 팃포탯이라면 상대와 자료를 공유하고 협력해서 둘 다 성공할 수 있는 길을 찾으라고 하겠지만, 질투심과 경쟁심에 눈이 먼 우리는 이런 이야기를 잘 듣지 못합니다.

액설로드는 자신이 기획한 대회의 결과를 보면서, 협력의 전략이 가져다주는 혜택을 누리기 위한 몇 가지 노하우를 지적합니다. 첫 번째는 '질투심을 버려라.'입니다. 그렇지 않은 경우도 있겠지만, 많은 경우 상대의 목표와 나의 목표는 양립 가능합니다. 팀 동료가 실적을 많이 올린다고 내게 반드시 손해가 나는 것도 아니고, 내 친구가 성적이 올라갔다고 내가 대학을 못 가는 게 아닙니다. 성공은 상대를 이기는 것에서 오지 않습니다. 반대로 성공은 상대의 협력을 이끌어 내는 것에서 옵니다. 참고로 말씀드리자면, 팃포탯은 컴퓨터 시뮬레이션 개별 게임에서 상대 프로그램보다 단 한 번도 더 높은 점수를 얻지 못했습니다. 단 한 번도 상대를 먼저 배반하지 않았기 때문입니다. 하지만 모든 게임이 끝났을 때 가장 높은 점수를 얻은 승자는 팃포탯이었습니다. 팃포탯이 질투심에 눈이 멀어 개별 게임에서 더 좋은 점수를 얻고자 협력 전략을 포기했다면 그런 큰 성과를 얻지 못하였을 것입니다.

액설로드가 지적하는 두 번째 노하우는 '보복할 때는 확실히 보복하라.'입니다. 협력을 이끌어 내기 위해서는 마냥 잘해 주는 것으로는 부족합니다. 내가 무조건적인 호의를 가지고 있다는 점을 상대가 알고, 그 호의를 이용하여 배반을 선택할 수도 있기 때문입니다. 만약 이렇게 되면, 피해자는 나 하나에 그치지 않습니다. 배반의 단맛을 본 그 배신자는 다른 사람과 상호작용할 때에도 배신과 배반을 선택할 확률이 클 테니까요. 그러면 우리가 속한 집단에는 나같이 억울하게 이용당한 사람이 늘어날 것이고, 종국에는 모두가 서로를 믿지 못해 계속해서 배반만 해 대는, 앞서 말한 '배반의 메아리'가 울려 퍼지는 험악한 상황이 조성될 것입니다. 그래서 협력을 이끌어 내기 위해서는 상대가 나에게 협력하지 않을 때 단호히 대가를 치르게 해야 합니다. 그래야 상대도 협력이 더 좋은 선택지라는 것을 알게 되어 협력을 선택하고, 장기적으로는 집단 전체에 협력이 늘어날 수 있습니다. 마냥 잘해 주면 상대는 나를 소위 '호구'로 보게 됩니다. 그건 상대 탓일 뿐만 아니라 내 탓이기도 합니다.

세 번째 노하우는 '영악하게 굴지 마라.'입니다. 내가 상대의 동기와 생각에 대해 끊임없이 추측하듯이, 상대도 내 동기와 생각을 끊임없이 추측합니다. 세상사라는 것이 대부분 나만 잘한다고 좋은 결과가 주어지는 것이 아니라, 상대가 어떤 선택을 하느냐에 따라 결과가 달라지곤 합니다. 내가 아무리 공부를 잘해도 대학 입시에서 많은 사람들이 나와 같은 학과에 지원하면 경쟁률이 높아져 불합격할 가능성이 높아지는 것처럼 말입니다.(이 글의 맨 앞에서 말한 게임이론가들은 이처럼 다른 사람들 사이의 결정이 나의 결정이 가져오는 결과에 영향을 미치는 상황을 '전략적 상황'이라고 부릅니다.) 이런 전략적 상황에서 협력을 이끌어 내기 위해서는 상대에게 나의 행동 원칙을 명확하게 알려 줄 필요가 있습니다. '나는 기본적으로 협력한다. 하지만 당신이 나를 배신하면 나도 보복할 것이다.'라고 말입니다. 너무 복잡한 생각을 하면, 상대도 당신의 전략을 이해하는 데 애를 먹습니다. 그리고 그런 전략을 알 수 없는 상대와 상호작용할 때 가장 안전한 전략은 배반입니다. 협력했다가 배반당하는 것이 가장 큰 손실이기 때문입니다. 여러분이 그런 미지의 상대가 되어서는 안 됩니다. 때로는 단순한 것이 장점이 됩니다.

액설로드를 넘어서,
마음의 본성을 넘어서

지금까지 액설로드의 『협력의 진화』라는 책을 통해 혈연이 없는 개체 사이에서 어떻게 협력이 발생할 수 있는지 살펴보았습니다. 몇 가지 조건이 필요하기는 하지만, 생각보다 그 조건은 흔하게 나타나는 것들이고, 그래서 팃포탯 방식의 협력, 즉 복수를 동반한 협력은 생각보다 쉽게 출현할 수 있습니다. 유전자의 유사성이 가정되지 않아도, 개체의 이기심을 극단적으로 가정해도, 조건만 맞으면 협력이 발생한다는 말입니다. 때로는 이런 협력이 너무 잘 발생해서 문제가 됩니다.

그런데 과연 이것으로 혈연이 없는 사이에서 일어나는 협력을 모두 설명할 수 있을까요? 아쉽지만 그렇지 않습니다. 잠깐만 생각해 봐도 액설로드가 설명하는 원리에서 벗어나는 사례를 적지 않게 떠올릴 수 있습니다. 액설로드의 핵심을 평범한 말로 다시 풀어 본다면, '다시 만날 사람의 협력을 이끌어 내기 위해 잘해 주자.' 정도가 될 것입니다. 그런데 살다 보면 우리는 다시 만날 가능성이 없는 사람들에게도 잘해 주는 경우가 많습니다. 1장에서 말했던 어려운 이웃이나 재난을 겪은 분들에 대한 기부나 구호를 떠올려 봅시다. 우리는 그분들과 혈연이 없음은 물론, 앞으로 만날 가능성도 매우 낮습니다. 즉 호의를 다시 돌려받을 가능성이 거의 없다는 말입니다. 액설로드의 이론에 따르면, 이런 대상에게 잘해 주는 행동은 진화할 수 없습니다. 오로지 앞으로 계속 상호작용할 상대에 대한 협력만이 진화할 수 있습니다. 그런데 왜 기부를 할까요?

기부 같은 사례를 드니 그것은 예외적인 경우가 아니냐고 반문할지도 모르겠습니다. 하지만 이는 생각보다 일반적으로 나타나는 현상입니다. 우리는, 앞으로 다시 만날 일이 없는 사람과도 협력하려는 성향을 종종 드러냅니다. 이를 잘 보여 주는 것이 실험심리학에서 자주 등장하는 '최후통첩 게임'(Ultimatum Game)입니다.

최후통첩 게임은 사람들의 협력 경향을 관찰하려는 실험에서 실험 참가자들이 하게 되는 게임입니다. 이 게임에는 두 명의 참가자가 필요합니다. 둘은 서로 전혀 모르는 사이이고, 많은 경우 실험이 끝난 후에도 딱히 만날 일이 없습니다. 액설로드의 이론에 따라서 봐도, 딱히 협력할 이유가 없다는 말입니다. 편의상 이들을 A와 B라고 해 보죠. 실험자는 그중 A에게 10만 원을 줍니다. 그리고 그 돈을 원하는 비율로 B와 나눠 가지라고 합니다. A는 자기가 8만 원을 갖고 B에게 2만 원만 줄 수도 있습니다. 아니면 좀 더 공평하게 5만 원씩 나눠 가질 수도 있겠지요. 그런데 한 가지 조건이 더 있습니다. B는 이 거래를 거부할 수 있습니다. 그러면 A도 돈을 받지 못하게 됩니다. 쉽게 말해, A가 제시하는 금액이 마음에 들지 않으면, 돈을 받지 않겠다고 선택할 수 있다는 말입니다. 예를 들어, A가 자기는 9만 원을 가지고 B에게 1만 원만 제안한다면, 이런 기분 나쁜 제안을 거부할 수 있습니다. 그러면 B는 물론 A도 돈을 받지 못합니다.

합리적 의사 결정이라는 관점에서 봤을 때, B가 돈을 거부하는 것은 바보 같은 일입니다. 단돈 1천 원이라도 받는 것이, 거부해서 아무것도 받지 못하는 것보다 낫기 때문입니다. 그런데 사람들은 이러한 부당한 거래(?)를 제안받으면 거부합니다. 자기의 손해를 감수하면서 불쾌함을 표하는 것이지요. 더 재미있는 것은, 여간해서는 애초에 A가 그런 거래를 제안하지 않는다는 점입니다. 대부분의 실험 참가자들은 5:5~6:4 언저리에서 금액을 나눕니다. A는 상대의 몫을 절반 가까이 보장해 줘야 한다고 생각하고, B 역시 이를 당연하게 여깁니다. 이런 비율에서 벗어나면, 자기의 손해를 감수하면서 상대를 응징(?)합니다.

말씀드렸듯, 냉정한 경제적 판단이라는 관점에서 보면 이는 이해할 수 없는 일입니다. A는 자신의 이해를 극대화하기 위해 자기 몫을 최대로 잡는 것이 정상이고, B는 아무리 작은 이익이라도 그냥 취하는 것이 합당합니다. A의 입장에서는 B가 앞으로 다시 볼 사람도 아닌데, 평판이나 보복을 걱정할 필요도 없습니다. B 입장에서도 앞으로 볼 사람이 아닌데, 군이 으르렁대기보다는 조금이라도 돈 받고 헤어지는 게 낫지요. 그런데 사람들은 그렇게 하지 않습니다. 마치 그렇게 해야 하는 법이라도 있는 것처럼 상대와 적절히 타협하고 협력하는 쪽을 택합니다. 요컨대, 최후통첩 게임은 비록 상대가 앞으로 만날 가능성이 작다고 할지라도, 게다가 심지어 당장의 이해관계와 배치된다 할지라도, 기본적으로 상호 협력해야 한다는 무의식적 편향이 인간에게 내재되어 있음을 드러냅니다.

이런 현상은 포괄적 적합도 이론은 물론, 액설로드의 이론으로도 설명할 수 없습니다. 혈연을 벗어난 협력이 존재할 뿐만 아니라, 액설로드가 설정한 상황에서 벗어난 협력도 많다는 말이지요.

오해하지 마시길. 액설로드의 이론이나 포괄적 적합도 이론이 '틀렸다'고 말하는 것이 아닙니다. 다만 그 설명에 한계가 존재할 뿐이지요. 어떤 이론도 모든 것을 설명할 수는 없습니다. 게다가 이들은 우리에게 중요한 교훈을 알려 줍니다. '본성'이라는 것이 변치 않는 것이라는 우리의 믿음을 의심해 봐야 한다는 교훈 말입니다. 우리는 쉽게 생명의 '본성'이란 변치 않는 것이라고 생각합니다. '생명은 본래 이기적이야.', '인간은 원래 착하게 태어났어.' 같은 말이 이런 우리의 생각을 잘 보여 줍니다. 하지만 그렇지 않습니다. 진화론이 설명해 주듯이, 본성은 원래부터 존재하는 것이 아니라 기나긴 생명의 역사에서 특정 조건과 상황에 따라 만들어지는 것입니다. 액설로드는 인간이 원래부터 협력을 잘한다고 주장하는 것이 아닙니다. 대신 그는 반복된 상호작용과 기억력이라는 '조건'에 대해서 이야기하고 있습니다. 그런 조건에서는 심지어 혈연이 없는 관계에서도 협력이 출현한다는 말이지요.

저는 1장에서 살펴본 도킨스 역시 본성을 탐구하고 드러내려한 것이 아니라, 협력이 나타나는 조건에 대해 연구한 사람이라 생각합니다. 도킨스는 자신과 유사한 유전자를 가진 존재인 친족을 알아볼 수 있는 조건에서는, 친족의 번식과 생존까지 포괄적으로 고려하는 협력이 진화할 수 있다고 주장합니다. 왜냐하면 그편이 후세에 유전자를 남기는 데 유리하고, 그런 유리한 전략을 채택한 존재들이 이제까지 이어져 왔을 테니까요. 도킨스 역시 협력이 출현할 수 있는 나름의 조건을 제시하는 것이지요.

여담이지만 도킨스는 표면적으로는 굉장히 다른 주장을 하고 있는 액설로드의 논의에 열광하며 강력한 지지를 보냅니다. 심지어 도킨스는 『이기적 유전자』 개정판에서 액설로드가 지적한 설명에 대한 장을 따로 하나 만들기까지 하거든요. 어떻게 보면 이상한 일일 수도 있습니다. 어떻게 생명체들 사이의 협력을 유전자의 유사성을 고려한 전략이라고 본 도킨스가, 유전자 유사성을 전혀 가정하지 않은 상태에서 협력이 출현할 수 있다고 본 액설로드의 생각을 지지할 수 있는 걸까요? 제 생각에 그것은, 도킨스역시 생명의 '본성'에 대해서 말하고 싶었다기보다, 그 본성이 만들어지고 출현하는 조건과 상황 그리고 역사에 대해서 말하고 싶었기 때문인 듯합니다. 도킨스에게 액설로드는 자신의 이론을 논박한 사람이 아니라, 자기가 미처 알아차리지 못한 새로운 조건을 지적한 고마운 사람이었던 것이지요. 생명이 원래부터 어떤본성을 가진다고 믿어 버리는 것이 아니라 그것이 만들어지는 구체적 조건을 지적하는 것이야말로, 진지하게 인간에 대해 탐구하는 사람들이 가져야 할 기본자세이지 않겠습니까?

우리는 1장과 2장에서 포괄적 적합도 이론과 액설로드의 이론을 살폈습니다. 이들은 진화론에서 협력을 설명할 때 가장 많이등장하는 이론입니다. 물론, 이 이론으로도 설명하지 못하는 사례가 적지 않습니다. 하지만 이 이론들은 너무 쉽게 '본성'을 정의하는 대신, 그 본성이 만들어지고 발현되는 '조건'에 좀 더 주의를기울여야 한다는 점을 알려 줍니다.

우리가 이들에게 배워야 할 것은, 그 구체적 내용도 내용이지만, 그들처럼 생명체가 처한 조건과 상황에 주목하여 생명체를이해하는 방식이 아닐까 합니다. 만약 우리도 그런 통찰을 발휘할 수 있다면, 포괄적 적합도 이론과 액설로드의 이론이 설명하지 못한 협력의 양상도 이해할 수 있지 않을까요? 이어지는 장에서는, 우리가 새로 부딪힌 문제라 할 수 있는, '혈연도 없고 앞으로 만날 가능성도 없는 이들'과의 협력이 진화하고 존재할 수 있는 가능성에 대해 고민해 보려 합니다.

3

다른 이를 위한 행동과 마음은 가능할까?

엘리엇 소버, 데이비드 슬로안 윌슨 『타인에게로』

황호연

집단 전체에 양심이 사라질수록,

집단이 암묵적인 규칙을 지키게 만들고

집단이 해체되지 않도록 하기 위해서

더 많은 에너지가 필요하게 된다.

따라서 위계적인 개체군 구조에서

한 단계(개체 대 집단)를 고려할 때,

양심은 '이타적인' 특성이다.

ー 『타인에게로』

진정한 이타적 협력은
가능할까?

앞선 두 장에서 우리는 생물이 왜 이타적인 행동을 하고 협력을 하는지 설명하는 두 가지 이야기를 살펴봤습니다. 1장에서 도킨스는 『이기적 유전자』를 통해 유전자가 진화 과정의 핵심이며 개체란 유전자들을 전달하는 수단일 뿐이라고 했습니다. 그래서 어떤 개체의 이타적인 행동이나 협력도 유전자의 관점에서 설명해야 한다고 했지요. 유전자의 관점에서 개체는 친족 사이에서 이타적인 행동을 통해 포괄적 적합도를 높입니다. 이때 협력은 혈연관계로 여기저기에 공유된 유전자의 생존에 유리하기 때문에 자연선택된 전략 중 하나인 셈입니다.

2장의 『협력의 진화』에서는 혈연관계가 아닌 개체들 사이에서도 협력이 일어날 수 있다는 사실을 살펴봤습니다. 『협력의 진화』에서 말하는 협력의 핵심은 개체들이 이익을 얻는 것이었습니다. 몇 가지 조건들만 충족되면 각자의 이익을 추구하는 상황에서도 협력이 발생할 수 있었지요.

엘리엇 소버, 데이비드 슬로안 윌슨 엘리엇 소버(왼쪽)는 미국 위스콘신-매디슨 대학교 철학과 석좌교수로 과학철학 분야에 진화생물학의 관점을 도입하는 데 주도적인 역할을 했다. 데이비드 슬로안 윌슨(오른쪽)은 미국 뉴욕 주립 대학교 빙햄튼에서 생물학, 인류학, 심리학, 생명공학 등 여러 학문 분야들을 통합하여 진화를 연구하는 프로그램을 이끌고 있다.

앞의 이야기들에서 협력은 친족, 다시 말해서 유전자의 적합도에 이롭거나 협력하는 개체에게 이득이 되기 때문에 일어났습니다. 그러한 협력을 일으키는 이타적인 행동이란 결국 어찌 됐건 스스로의 이익을 위한 전략인 것처럼 보입니다. 그렇다면 생물들에게는 결국 자신의 이익만을 위한 협력만이 전부일까요? 혹시나 자신이 손해를 보더라도, 친족이 아닌 다른 개체를 위하는 협력이 가능하지는 않을까요? 기꺼이 손해를 감수하면서도 남을 위하는 '진정한 이타적인 협력'은 불가능할까요?

현대 생물철학을 이끄는 석학 엘리엇 소버(Elliott Sober, 1948~)와 진화 연구에서 가장 창의적인 이론가 중 한 사람인 데이비드 슬로안 윌슨(David Sloan Wilson, 1949~)도 비슷한 고민을 했

『타인에게로』 제1부에서는 이타주의에 대한 진화론적 논쟁을 다룬다. 집단 선택설에 대한 오해를 과학적 근거를 바탕으로 풀어 나가며 진화적 이타주의의 가능성을 제안한다. 제2부에서는 진정으로 이타적인 욕구가 존재하는가에 대한 질문을 던진다.

습니다. 두 사람은 지난 30년 동안 생물학과 철학, 심리학을 포괄하는 통합적인 접근을 통해 이타적인 행동과 협력을 탐구해 왔습니다. 이들은 『타인에게로』(1999)라는 책에서 이런 고민의 결과를 함께 보여 주고 있습니다. 이들은 이 책에서 이렇게 질문합니다. '생물이 희생을 감수하면서도 다른 생물을 위한 마음을 먹거나 행동을 하는 게 가능할까?'라고요.

우선 저자들은 이타적인 행동과 이타적인 마음을 구분해서 이야기합니다. 보통 이타적인 행동이라고 하면 다른 사람을 위한 마음을 먹고, 그 사람을 위해서 행동하는 것으로 생각합니다. 하지만 진화론에서는 다른 사람을 위한 마음을 먹더라도 이기적인 행동을 할 수 있다고 봅니다. 이기적인 행동과 이타적인 행동을

'적합도'를 기준으로 구분하기 때문입니다. 우리는 1장의 『이기적 유전자』에서 친족을 위하는 '이타적인 마음'을 먹으면서 자신의 적합도를 높이는 행동이 가능하다는 것을 살펴봤습니다. 이때 개체는 결국 포괄적 적합도의 관점에서 자신의 적합도를 높이는 데 도움이 되기 때문에 이타적인 마음을 먹고 행동하게 됩니다. 이 행동이 결국 같은 집단 안에 있는 친족이 아닌 다른 개체의 적합도를 떨어뜨리는 것이기도 하다면, 이러한 행동을 진화론적으로 이기적인 행동이라고 하지요.

진화론에서 말하는 이타적인 행동이란 '자신의 적합도를 감소시키면서 같은 집단 안에 있는 친족이 아닌 다른 생물의 적합도를 증가시키는 행동'을 말합니다. 다시 말해서 개체의 차원에서는 생명이 위험에 처하거나 자손을 남기지 못할 가능성이 있어도 자신의 유전자가 포함되지 않은 다른 개체를 돕는 행동, 그것이 이타적인 행동입니다. 저자들은 이처럼 진화론적으로 이기적인 행동과 이타적인 행동을 조금 더 잘 구분하기 위해서 마음과 행동을 따로 생각했습니다. 이제부터 찬찬히 이들의 논의를 따라가 보겠습니다. 먼저 이타적인 행동의 진화를 보여 주는 사례를 살펴보겠습니다.

다수준 선택론으로 보는
이타적인 행동의 진화

친척이 아닌 친구를 위해 희생하는 사막가위개미

저자들은 독특한 행동을 보이는 생물에 주목합니다. 바로 사막가
위개미입니다. 사막가위개미들은 사막 여러 곳에 흩어져 살던 여
왕개미들과 수컷 개미들이 특별한 시기에 이곳저곳에서 날아와
한곳에 모여 짝짓기를 합니다. 그다음 뿔뿔이 흩어져 곳곳에 있는
나무 그늘들을 찾아간답니다. 나무 그늘은 사막의 열기를 피할 수
있는 은신처입니다. 그렇게 적당한 나무 그늘을 찾으면 그 아래에
집단들의 모임(cluster)을 만듭니다(116쪽 그림의 집단 A, B 등). 이
때 몇 마리의 여왕개미들이 하나의 집단을 같이 만들지요(집단 A
안에 있는 여왕개미 1, 2, 3). 이렇게 생겨난 집단들 여럿이 나무 그
늘 아래에 모여 있습니다. 같은 나무 그늘 아래에 있는 다른 집단
과는 서로 상호작용하지 않습니다. 그림에서 집단 A와 집단 B는
같은 그늘 아래 있지만 분리되어 있는 것입니다. 이 그림에서는
각각의 집단 안에서 세 마리의 여왕개미들이 일개미를 키우면서

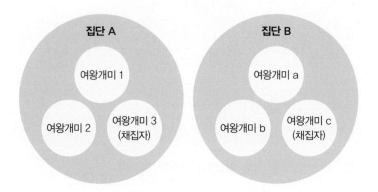

함께 살아갑니다.

사막가위개미는 첫 일개미를 키우는 방식이 대부분의 개미 종과는 다릅니다. 대부분의 개미 종의 경우 한 여왕개미가 낳은 첫 일개미들은 비축돼 있던 지방을 먹고 자랍니다. 하지만 사막가위개미들은 한 집단 안에 있는 여왕개미 여럿이 균으로 가득한 정원을 만들고 거기서 나온 균으로 첫 일개미를 키웁니다. 이러한 '균류 정원'을 만들려면 나뭇잎이 필요하지요.

중요한 건 하나의 집단을 만들어 함께 생활하는 여러 여왕개미들 중에서 어느 한 마리가 나뭇잎을 채집해 온다는 겁니다. 그림의 집단 A에서는 여왕개미 3이 채집자이고, 집단 B에서는 여왕개미 c가 채집자입니다. 이때 한 집단 안에 있는 여왕개미들은 서로 친족 관계가 아닙니다. 그런 여왕개미들 중 한 마리가 같은 집단의 동료들을 위해 직접 나뭇잎을 채집해 오면 그걸로 균류 정원을 만드는 거지요. 채집 경험이 쌓일수록 나뭇잎을 좀 더 쉽게 채집할 수 있어서 한 마리가 계속 채집하는 것이 집단에게 유익합니다. 하지만 땅 위에서 나뭇잎을 채집하는 건 위험한 일이기 때문에 그 여왕개미의 적합도를 심각하게 감소시킵니다. 자신의 후손을 제대로 남기지 못할 수 있다는 뜻입니다.

다시 말해서 나뭇잎을 전문적으로 채집하는 여왕개미는 집단에게는 이득이 되지만, 유전자를 남기는 데에는 그 집단의 다른 여왕개미들보다 불리합니다. 채집자 여왕개미는 유전적으로 손해를 보면서도 같은 집단 안에 있는 다른 개체를 위하는 행위, 다시 말해서 이타적인 행동을 하고 있는 것입니다.

다수준 선택론: 자연선택은 여러 수준에서 일어나는 종합적인 과정이다

1장에서 살펴본 『이기적 유전자』에 따르면 친족에게 이타적인 듯 보이는 행동을 하는 것도 결국 자신의 포괄적 적합도를 높여서 유전자를 남기기 위함이었습니다. 하지만 채집자 여왕개미는 동료 여왕개미들과 친족 관계가 아닌데도 자신의 적합도에 손해를 보는 이타적인 행동을 했습니다. 포괄적 적합도 이론만으로는 설명이 안 되는 현상인 거지요. 그렇다면 어떻게 이런 이타적인 행동이 가능한 걸까요?

친족이 아닌 개체에게도 이타적인 행동을 하는 이유를 설명하는 이론들 중 대표적인 이론으로 1장에서 봤던 집단 선택설이 있습니다. 집단 선택설은 하나의 집단 안에 있는 개체나 유전자들 사이의 적합도 차이만을 가정했습니다. 하지만 이런 집단 선택설로는 사막가위개미가 보여 주는 협력을 설명할 수 없지요. 1장에서 봤듯이 이유는 간단합니다. 하나의 집단 안에서 이타적인 여왕개미는 적합도가 낮고, 다른 여왕개미들에 비해 번식에 실패할 확률이 높습니다. 따라서 여러 세대가 지날수록 채집자 여왕개미의 수는 점점 줄어들 것이고 결국 사라지게 됩니다.

하지만 기존의 집단 선택설이 놓쳤던 과정을 몇 가지 더 추가한 다수준 선택론을 적용해 보면 채집자 여왕개미의 이타적인 행동이 어떻게 지금까지 이어져 왔는지 이해할 수 있습니다.

'다수준 선택론'이란 진화를 일으키는 자연선택의 과정을 개체와 유전자 수준만이 아니라 생태계의 많은 수준들을 종합해서 생각하자는 이론입니다. 우리가 살아가는 생태계가 유전자 수준, 유전자들의 모임인 개체 수준, 개체의 모임인 집단 수준, 집단의 모임인 개체군 수준과 같이 많은 수준(다수준)들로 이루어져 있다고 가정하는 것입니다.

반면에 자연선택의 과정을 설명하는 기존의 이론인 포괄적 적합도 이론은 개체와 유전자 수준의 적합도를 중심으로 설명해 왔습니다. 개체와 유전자 수준으로만 보면 당연히 자신의 적합도를 낮추고 다른 개체나 유전자의 적합도를 높이는 이타적인 행동은 시간이 지날수록 줄어들 수밖에 없습니다. 이타적 행동을 하는 개체나 유전자는 적합도가 낮기 때문이지요.

하지만 다수준 선택론은 개체나 유전자뿐만 아니라 여러 집단들 사이에도 적합도 차이가 있다고 합니다. 여러 집단들 중에서 다른 집단보다 적합도가 더 높아서 잘 살아남고 번식하는 집단이 있기 때문에 포괄적 적합도 이론처럼 개체 수준이나 유전자 수준의 적합도만 생각해서는 자연선택의 과정을 제대로 보기 힘들다는 것입니다.

사막가위개미의 경우를 다시 볼까요? 채집자 여왕개미 덕에 잘 자라난 첫 일개미들은 성장하자마자 또 다른 여왕개미들이 만든 다른 집단을 공격합니다. 결국 나무 그늘 아래에 있는 여러 집단들의 모임에서 하나의 집단만 살아남을 수 있습니다. 채집자 여왕개미의 나뭇잎 채집은 새로운 일개미들을 빨리 키워서 자신의 집단이 잘 살아남을 수 있게 해 주는 것입니다. 그리고 살아남은 집단은 나무 그늘을 차지하고 번성합니다.

다수준 선택론으로 보면 어느 수준의 선택이 다른 수준의 선택들보다 얼마나 더 강하게 일어나느냐에 따라 진화의 모습이 달라집니다. 유전자 수준의 선택이 다른 수준의 선택들보다 강하다는 것은 어떤 유전자가 잘 살아남는 행동이 진화한다는 것입니다.

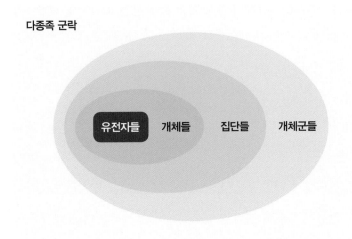

다종족 군락

유전자들 　개체들 　집단들 　개체군들

개체나 유전자 수준의 적합도에 더해서 집단들 사이에서의 적합도를 같이 보는 것을 '여러(多) 수준의 자연선택을 본다.'는 뜻에서 다수준 선택론이라고 한다. 다수준 선택론에 의하면 유전자와 개체, 집단 그리고 집단들의 모임인 개체군, 개체군의 모임인 다종족 군락 등 여러 수준에서 보이는 적합도 차이가 생명의 진화를 만들어 왔다.

개체 수준의 선택이 더 강하다는 것은 개체가 잘 살아남는 행동이 진화한다는 것입니다. 집단 수준과 개체군 수준도 마찬가지입니다.

어느 수준의 자연선택이 더 강하게 일어나는지 살펴보자!

예를 들어 유전자 수준의 선택이 개체 수준의 선택보다 더 강하게 일어나는 경우를 보겠습니다. 하나의 개체 안에서도 여러 유전자 사이의 적합도 차이로 인해 어떤 유전자가 다른 유전자보다 많아지는 경우가 있습니다. 이를 보여 주는 사례가 바로 '감수분열 부등(meiotic drive)' 현상입니다. 감수분열 부등이란 생식세포가 반으로 나뉠 때 완전히 절반으로 나뉘지 않고 어느 한쪽의 유전자가 더 많이 복제되는 것입니다. 이런 감수분열 부등 현상의 원인이 되는 유전자를 A라고 합시다. 이때 A 유전자는 자신이 몸 담고 있는 개체 안의 다른 유전자들에 비해 더 많이 복제되어 후손에게 더 많이 전달됩니다. 개체 안에 있는 유전자들만 보면 A 유전자의 적합도가 높은 것입니다. 만일 유전자 수준의 경쟁을 통한 자연선택만 일어난다면 A 유전자가 많아지는 방향으로 진화가 일어납니다.

이제 개체 수준으로 가 보겠습니다. 여러 개체들이 모여 있는 하나의 집단 안에서도 개체들 사이의 적합도 차이를 생각할 수 있습니다. 개체 차원에서 보면 감수분열 부등 유전자를 적게 가진 개체가 다른 개체들보다 적합도가 높습니다. 보통 부모로부터 태어나는 생물들은 부모 양쪽에서 필요한 유전자를 골고루 받아야 적합도가 높습니다. 하지만 A 유전자가 자리를 많이 차지하고 있으면 다른 필요한 유전자를 받지 못할 수 있지요. 그래서 감수분열 부등을 일으키는 A 유전자가 많아질수록 그 개체의 적합도는 감소하고, 때로는 개체의 생명에 치명적인 경우도 있습니다. 따라서 개체 수준의 경쟁을 통한 자연선택만 일어난다면 A 유전자를 많이 가진 개체가 살아남기가 어렵습니다. 그 결과 A 유전자가 줄어드는 방향으로 진화가 일어날 것입니다.

다시 말해서 하나의 개체 안에서 일어나는 유전자 수준의 선택은 A 유전자가 많아지는 방향으로 진화를 일으키고, 하나의 집단 안에서 일어나는 개체 수준의 선택은 A 유전자가 줄어드는 방향으로 진화를 일으킵니다. 이렇게 각각의 수준에서의 자연선택의 방향이 서로 반대가 될 수 있는 것입니다. 이때 감수분열 부등을 일으키는 A 유전자가 결국 많아질지 줄어들지를 알아보기 위해서는 각각의 수준에서 일어나는 선택들을 비교해서 어떤 수준의 선택이 더 강하게 일어나는 것인지 잘 살펴야 합니다.

이런 관점으로 보면 앞의 사막가위개미의 사례도 개체 수준의 선택과 집단 수준의 선택 사이에 균형을 이루고 있는 경우라고 할 수 있습니다. 개체 수준의 자연선택은 여왕개미의 이타적인 채집 활동을 줄이는 방향으로 일어날 것입니다. 채집을 하러 나가는 여왕개미들은 적합도가 낮아 세대가 지날수록 개체 수가 줄어들기 때문입니다. 하지만 집단 수준으로 보면 다릅니다. 여러 집단들이 있는 집단 수준에서 보면 어느 여왕개미의 채집 활동을 늘리는 방향으로 자연선택이 일어납니다. 어느 여왕개미가 지속적으로 채집을 할수록 그 집단의 적합도가 다른 집단에 비해 높아지기 때문입니다.

이처럼 개체 수준에서 채집자 여왕개미가 줄어드는 경향과, 집단 수준에서 채집자 여왕개미가 늘어나는 경향이 있습니다. 이렇게 반대되는 두 경향 사이의 균형점이 지금과 같은 채집자 여왕개미의 이타적인 행동을 만든 것입니다. 채집자 여왕개미는 개체 수준의 선택과 집단 수준의 선택의 균형을 보여 주는 사례인 것이지요.

다수준 선택론을 통해서 이타적인 행동의 진화를 볼 때 두 가지 주의할 점이 있습니다. 첫째, 사실 이타적인 행동이란 '같은 집단 안에 있는' 다른 개체의 적합도를 높여 주는 행동이라는 점입니다. 같은 집단 안에서 보기에 이타적인 행동이라는 말이지요. 둘째, 사막가위개미와 같은 집단 수준의 선택이 일어나려면 아주 중요한 조건이 필요합니다. 바로 '생물 집단들이 서로 분리되어 있고 나서, 몇 개의 집단이 서로 섞이거나 여러 개의 집단으로 나뉘면서 새로운 집단들이 만들어져야 한다.'는 것입니다. 이 조건이 없으면 기존의 집단 선택설의 한계가 똑같이 반복됩니다. 세대가 지날수록 한 집단 안에서 이타적인 개체는 결국 사라지고 말지요. 하지만 새 집단들이 만들어지면 이타적인 행동을 하는 개체의 비율이 줄어들지 않거나 때로는 증가할 수도 있습니다.

앞에서 본 사막가위개미도 여러 곳에 있는 집단들이 분리되어 지낸 다음 새로 만들어지는 과정을 겪습니다. 우선, 하나의 나무 그늘 아래에서 살아남은 어느 집단이 번성했지요. 각각의 나무 그늘마다 이런 집단들이 있고, 이들은 분리되어 지냅니다. 이후

다음 세대의 새로운 여왕개미들이 태어납니다. 새로운 여왕개미들은 어미 여왕개미들이 그랬듯이 특정한 시기에 날아가서 잘 맞는 수컷 짝들을 찾습니다. 수컷 짝은 다른 집단들에서 오지요. 짝짓기 이후 새로운 여왕개미들 각각은 다른 집단에서 온 여왕개미들 몇몇과 또 다른 나무 그늘을 찾아서 집단을 이룹니다. 이렇게, 각각의 나무 그늘에 분리돼 있던 집단들이 다음 세대의 여왕개미들을 통해 새로운 집단들을 만드는 겁니다. 이처럼 개체 수준의 선택 말고도 집단 수준의 선택이 일어나려면 새로운 집단이 만들어진다는 조건이 꼭 필요합니다.

무엇을 집단이라고 할 수 있을까?

지금까지 다수준 선택론을 통해 여러 수준에서 자연선택이 일어나고, 각각의 수준마다 선택이 일어나는 방향이 다를 수 있음을 살펴봤습니다. 따라서 어떤 방향의 자연선택이 일어나는지 제대로 보려면 각각의 수준마다 선택의 강도들을 비교해야 한다는 것을 알아봤습니다. 결론은 '나'에게 이득이 되는 '개체 수준의 선택'과 함께, 내게는 손해가 되더라도 같은 집단 안에 있는 다른 친구들에게 도움이 되는 '집단 수준의 선택'도 일어날 수 있다는 이야기였습니다. 이처럼 우리가 흔히 말하는 '자연선택'은 여러 수준의 자연선택들이 종합된 결과였습니다.

저자들은 놀랍게도 1장에서 포괄적 적합도 이론의 창시자로 소개됐던 해밀턴 역시 나중에는 자신의 생각을 바꾸고 이 책에서 말하는 다수준 선택론과 같은 관점을 갖게 됐다고 합니다. 하지만 이러한 해밀턴의 관점 전환은 몇몇 학자들 사이에서만 조명받았을 뿐, 거의 관심을 받지 못합니다. 이미 학계에는 해밀턴이 이전에 만들었던 포괄적 적합도 이론이 유일한 정답이라는 인식이 만연해 있었기 때문입니다. 대다수의 진화생물학자들은 포괄적 적합도 이론이 여전히 집단 선택설의 대안이며, 해밀턴이 여전히 포괄적 적합도 이론을 강력하게 지지하고 있다고 알고 있는 것이지요. 하지만 해밀턴은 자연선택에서 '집단'이라는 수준, 여러 집단들 사이의 적합도 차이를 중요한 요소로 인식하고 있었습니다.

그러면 이런 생각을 해 볼 수도 있을 겁니다. 만약 집단 안에 있는 자신과 가까운 친구에게 이타적인 행동을 하도록 자연선택이 일어났다면 '외부인들에 대한 악의나 경쟁이 존재할 수 있지 않을까?'라고요. 『타인에게로』에서도 여러 집단들 사이에서 일어나는 생존과 번식의 경쟁을 무시해서는 안 된다고 이야기합니다.

그런데 과연 '집단'이란 무엇일까요? 다수준 선택론을 통해 여러 생물들은 물론 사람에 대해 더 잘 알고 싶다면 '하나의 같은 집단 안에 있는 생물들'과 '다른 집단에 있는 생물들'을 구분하는 기준을 살펴볼 필요가 있습니다. 집단들 사이에는 경쟁이 있고, 나를 희생할 수 있는 이타적인 행동도 같은 집단 안에 있는 친구를 위한 것이기 때문입니다. 다수준 선택론에서는 도대체 무엇을

'하나의 집단'으로 보는 걸까요?

우리는 종종 같은 공간에 있다는 이유만으로 어떤 개체들의 모임을 집단으로 묶습니다. 이렇게 정의된 집단은 다수준 선택론의 관점에서 집단으로 보기에 적당할 수도 있지만 아닐 수도 있습니다. 예를 들어 도서관에서 같은 책상에 앉은 사람들을 집단이라고 볼 수 있을까요? 만약 이들이 단순히 같이 앉아 있기만 하다면 같은 집단이라고 보기 어렵습니다. 같은 내용을 공부하거나 교류를 하는 등 직접적인 상호작용을 하지 않기 때문이지요.

반대로 자료를 찾으려고 도서관의 이곳저곳으로 흩어져 있지만 같은 스터디 그룹에 속한 사람들은 어떨까요? 이들은 하나의 집단이라고 볼 수 있습니다. 왜냐하면 집단의 구성원들이 서로 '스터디'라는 상호작용을 하고 있기 때문이지요. 스터디 그룹의 친구들 중 한 명이 공부할 자료를 읽어 오지 않는다면 그 그룹의 다른 친구가 직접 그 영향을 받지요. 스터디 그룹이 아닌 다른 사람이 자료를 읽지 않는 것은 스터디 그룹 사람들과는 상관이 없습니다.

그래서 『타인에게로』에서는 형질 집단이라는 개념을 제시합니다. 형질이란 쉽게 말해서 이기적인 행동이나 이타적인 행동, 밤에 돌아다니는 행동, 추울 때에는 겨울잠을 자는 행동 등 생물들의 적합도에 영향을 주는 행동이나 특성을 말하지요. 형질 집단이란 '특정 형질과 관련된 상호작용'을 하는 개체들의 모임입니다.

한마디로 그 집단의 구성원들이 같은 집단에 속해 있다고 말할 수 있는 이유는 그들이 서로 특정한 상호작용을 하기 때문이라는 겁니다.

형질 집단 개념을 적용해 보면 우리가 이제까지 알고 있던 집단이라는 개념을 다르게 볼 수 있습니다. 예를 들어 송장벌레와 몇몇 진드기 종은 서로 하나의 '집단'을 구성합니다. 날개 달린 송장벌레는 약 500마리의 진드기를 자신의 껍질 구석구석에 얹어서 동물의 사체로 실어 나릅니다. 얼핏 보면 이 진드기들은 아무 일도 하지 않고 무임승차하는 듯이 보입니다. 하지만 사실 진드기들은 송장벌레에게 해로운 벌레가 붙는 것을 방지해 주고 있습니다. 송장벌레의 적합도를 높이는 것이지요.

이들은 서로를 도와서 같이 번식하도록 진화했는데 주로 동물의 사체나 배설물, 목재 더미처럼 여기저기 흩어져 있는 자원을 이용합니다. 이때 핵심은 날개가 없는 진드기가 날개가 있는 송장벌레를 타고 이동하며 살아가는 과정에서 하나의 형질 집단을 이룬다는 것입니다. 다시 말해서 진드기와 송장벌레는 서로 적합도와 관련된 상호작용을 하고 있습니다.

이처럼 여러 종으로 구성된 공동체가 하나의 집단처럼 자연선택의 단위가 되는 경우도 생각해 볼 수 있지요. 따라서 우리는 어떤 집단을 정의할 때 상호작용이나 관계들을 적절히 반영하고 있는지 잘 살펴야 합니다.

지금까지의 이야기처럼 이타적인 행동을 포함한 어떤 형질의 진화는 단순히 '유전자 차원의 전략'의 결과라고 말할 수는 없습니다. 유전자의 빈도 변화는 여러 수준들에서 일어나는 종합적인 선택의 결과로 나타나는 것이며, 어떤 형질이 진화하는 것은 그 행동의 영향을 주고받는 이들과의 종합적인 관계의 결과라고 할 수 있는 것입니다.

이타적인 마음의
진화 가능성 살펴보기

진화론에서 마음과 행동의 구분

이제까지 이타적인 행동의 진화를 설명하는 다수준 선택론을 살펴봤습니다. 다수준 선택론의 관점에서 '이타적인 행동'은 진화할수 있었지요. 그렇다면 이타적인 행동을 할 때에 어떤 마음으로그 행동을 하는 걸까요? 『타인에게로』에서 저자들은 '어떤 마음으로' 이타적인 행동을 하는 건지도 진화론을 통해 고민해 봅니다. 앞서 살펴봤듯이 진화론에서는 이타적인 행동을 하는 것과이타적인 마음을 먹는 것을 구분합니다. 이타적인 행동을 하더라도 결국 내가 기분이 좋아서 즉 나를 위한 이기적인 마음으로 하는 것일 수 있기 때문이지요. 인간이 다른 사람을 도우면 내가 기분이 좋아지도록 진화했을지도 모르는 일입니다.

하지만 진화론에서 이타적인 마음을 갖는다는 건 '결국 내가좋기 때문에 그 마음을 먹는 게 아니라, 타인을 순수하게 위하기 때문에 그 마음을 먹는 경우'를 말합니다. 그렇다면 과연 사람이 이타적인 행동을 할 때 이타적인 마음으로 하는 게 가능할까요?

진화론에서 '사람의 마음'이란 어떤 행동을 일으키는 수단이 되는 중간적인 과정입니다. 예를 들어서 상처가 나는 상황을 잘 피하는 형질을 가진 쥐가 살아남아 그 쥐의 새끼가 상처를 피하는 행동을 한다고 해 봅시다. 이때 새끼 쥐는 부상을 피하는 행동을 어미 쥐에게 물려받았습니다. 어미 쥐에서 새끼 쥐로 이어지는 이러한 유전적인 변화를 아래와 같이 그려 볼 수 있습니다.

이때 새끼 쥐는 살아가면서 어떻게 '신체적 부상을 피하는 행동'을 할 수 있는 걸까요? 새끼 쥐에게 '고통을 피하려는 마음'이 생겨났기 때문입니다. 이렇게 그려 볼 수 있습니다.

가운데의 '고통을 피하려는 마음'이 바로 진화론에서 말하는 '행동을 일으키는 중간 과정'이지요. 하지만 새끼 쥐처럼 개개의 생물이 느끼기엔 고통은 다른 이유를 댈 필요 없이 그 자체로 싫은 것이기도 합니다. 개인적인 차원에서는 어떤 행동으로 이어질지 생각할 겨를이 없이 '그냥' 그런 마음이 드는 거지요. 그렇다면 고통을 '그냥' 싫어하는 것처럼 다른 친구의 안녕 자체를 별다른 이유 없이 '그냥' 순수하게 바랄 수 있을까요?

기뻐서 돕는다 VS 그냥 돕고 싶어서 돕는다

저자들은 인간의 경우를 중심으로 이야기합니다. 특히 자신이 기분 좋기 위해서 이타적인 행동을 하는 것인지, 아니면 진심으로 '그냥' 다른 사람을 위한 마음으로 이타적인 행동을 하는 것인지 알아보기 위해 부모가 아이를 돌보는 행동을 살펴봅니다. 어떤 마음이 진화하면 아이를 돌보는 행동을 하게 되는지 알아보는 것이죠.

저자들은 부모가 어떤 마음으로 보살피는 행동을 할지 두 가지 경우를 가정합니다. 우선 부모가 결국 자신을 위해서 아이들의 행복에 관심을 갖도록 진화한 경우를 가정해 볼 수 있습니다. 다시 말해서 자녀들이 잘되면 기분이 좋아지고 자녀들이 잘못되면 기분이 안 좋아지니까 내가 기쁨을 얻기 위해서 아이를 돌보는 거지요. 이 경우를 방법 1이라고 합시다.

두 번째로, 그냥 아이들의 행복 자체에 관심을 갖도록 진화한 경우를 가정할 수 있습니다. 한마디로 순전히 아이를 위해서 돌보는 거지요. 이 경우를 방법 2라고 합시다. 둘 중 어느 쪽이 진화하기에 쉬울까요? 방법 1과 방법 2를 그림을 통해 비교해 봅시다.

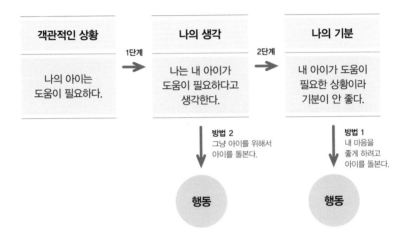

그림의 방법 1과 방법 2에서 공통적으로 필요한 과정은 '나는 내 아이가 도움이 필요하다고 생각'하는 것입니다. 이때 방법 2에서는 그 생각을 통해서 그냥 자녀를 돕는 행동을 합니다. 반면에 방법 1에서는 한 가지 단계(2단계)를 추가로 거치지요. 나는 내 생각의 결과에 따라 기분이 안 좋아지고, 그 기분을 좋게 하기 위해서 아이를 돕는 행동을 하는 것입니다.

방법 1은 얼핏 보면 기분만을 생각하면 되니까 가장 간단한 방법처럼 보일 수도 있습니다. 하지만 이렇게 행동으로 이어지기까지의 과정들을 살펴보면 중간에 한 단계가 더 필요합니다. 그리고 추가된 단계가 과연 얼마나 잘 작동할 수 있을지도 따져 봐야 합니다. 이렇게 보면 방법 2가 더 직접적이고 간단하다는 걸 알 수 있습니다. 생물학적인 에너지 효율 측면에서도 방법 2가 방법 1보다 더 효율적이라는 겁니다.

게다가 만약에 방법 1이 가능하다고 해도, 방법 2까지 같이 쓰이면 자녀를 돕는 행동을 더 많이 하게 될 것입니다. 왜냐하면 생물에게는 종종 하나의 행동을 위해서 두 개의 방법을 만들어 두는 경우도 있으니까요.

지금까지 부모가 '어떤 마음으로' 자녀를 돌보는 행동을 하는 게 진화할 만한지 살펴보았습니다. 자녀를 돌보는 행동은 자신의 유전자가 잘 전달되도록 하는 것이기 때문에 진화적으로는 개체 수준의 적합도를 높이는 이기적인 행동입니다. 하지만 진화론으로 보면 이기적인 행동이라도 순수하게 이타적인 마음으로 할 수 있습니다. 게다가 앞에서 봤듯이 집단 수준의 선택을 통해 이타적인 행동이 진화했다면, 이 행동을 일으키는 가장 좋은 방법은 생물이 그냥 바로 이타적인 마음을 먹고 이타적인 행동을 하도록 진화하는 것입니다. 방법 2처럼 바로 남을 돕기를 원하는 마음이 진화하는 게 여러모로 쉬운 일이기 때문입니다.

진화론,
통념을 다시 생각해 보기

지금까지 『타인에게로』를 통해 먼저 다수준 선택론을 살펴봤고 이타적인 행동이 진화할 수 있음을 알아봤습니다. 이타적인 행동은 자기가 속한 집단의 적합도에 도움이 되는 행동들 중 하나였고, 여러 수준에서의 종합적인 적합도를 고려한 다수준 선택론이라는 관점을 적용해서 설명할 수 있었습니다. 또한 진화 과정에서 어떤 행동을 일으키는 중간 과정으로 이타적인 마음이 진화할 수 있다는 것도 살펴봤습니다. 이타적인 행동도 진화할 수 있고, 이타적인 마음도 진화할 수 있습니다.

　이처럼 『타인에게로』에서 살펴본 소버와 윌슨의 이야기는 『이기적 유전자』에서 도킨스가 유전자 중심의 포괄적 적합도로 설명한 친족들 사이의 이타적인 행동과는 다릅니다. 다수준 선택론으로 본 이타적인 행동은 개체의 적합도를 높이는 방향과 개체가 속한 집단의 적합도를 높이는 방향 사이의 적절한 균형의 결과였습니다. 이것은 또한 『협력의 진화』에서 액설로드가 이야기한 협력과도 다릅니다. 액설로드에 의하면 협력은 개체에게 장기적인 이득을 주기 때문에 발생하지만, 『타인에게로』의 다수준 선택론으로 보면 개체가 아니라 개체가 속한 집단에게 이득이 되기 때문에 이타적인 행동을 통해 협력이 발생할 수 있었습니다.

『타인에게로』에서 또 하나 주목할 점은 진화론에서 '마음'의 측면을 새롭게 다뤘다는 것입니다. 진화론적으로 이타적이거나 이기적인 어떤 행동을 하더라도 그 와중에 각자의 생물들이 느끼는 마음은 '그냥 진심으로' 타인을 위한 마음일 수 있습니다.

하지만 지금까지의 이야기는 누구에게나 이타적인 마음으로 이타적인 행동을 하는 생물이 생겨난다는 것도, 그렇게 해야 한다는 이야기도 아니었습니다. 앞서 살펴봤듯이 집단 수준의 선택으로 이타적인 행동이 생겨날 수 있는 건 맞지만, 그것은 다른 집단 간의 경쟁에서 집단 구성원들에게 이타적인 행동이 유리했기 때문에 생겨난 것이었습니다. 진화론적으로 봤을 때 어쩔 수 없는 편 가르기가 생길 수밖에 없는지도 모릅니다.

하지만 그런 사실이 '집단으로 나뉘어서 경쟁하는 게 당연하니 편을 가르고 살자.'는 주장의 근거가 될 수는 없습니다. 또한 형질 집단의 정의에 따르면 '집단'이라는 개념은 형질에 따라 달라지는 것이었습니다. 우리가 보통 생각하는 개체나 집단을 형질과 관련된 상호작용을 중심으로 다시 정의해야 하는 것이라면, 진화론을 조금은 더 조심스럽고 논쟁적인 것으로 봐야 할지도 모르겠습니다.

또 한 가지 주의할 것은, 진화론이 인간의 모든 마음과 행동을 설명하는 마술 같은 이론이 아니라는 점입니다. 적절하게 설명할 수 있는 부분이 있고, 아닌 부분이 있다는 것이지요. 소버와 윌슨은 이렇게 이야기합니다.

> 진화는 어떤 특징들과는 관련 있겠지만 어떤 특징들과는 관련이 없을 수도 있다. (…) 당신이 왜 파스타는 프랑스보다 이탈리아에서 더 많이 먹는지 묻는다면, 생물학적 진화가 여기에 답할 수 있는 것은 많지 않다. 커다란 뇌는 인간이 고도로 발달된 문화를 가지게 된 이유를 설명하는 데 도움이 되지만, 왜 이탈리아인들이 프랑스인들보다 파스타를 더 많이 소비하는지는 설명하지 못한다.

저자들은 이어서 진화론을 '인간의 모든 것이 유전자에 의해서만 결정된다.'는 이론으로 생각하는 것도 편견이라고 합니다.

> 우리 종에 존재하는 다양한 형질들이 그렇게 다양한 이유는 부분적으로 생물학적 진화가 인간 행동을 유연하게 만들었기 때문이다. (…) 만약 생물학적 진화가 행동이 다양한 이유를 설명하는 데 도움이 된다면, 이 논리에서는 싱거운 음식을 먹는 사람이 속한 사회의 구성원들과 매운 음식을 먹는 사회의 구성원들이 유전적으로

차이가 있다는 사실을 반드시 전제로 하지는 않는다. 사실, 어떤 행동이 순수하게 환경적인 이유로 다양하다는 것은 진화적 가설과도 일치한다. 진화적 설명은 자연 – 양육 논쟁에서 급진적 환경 결정론과 상당히 비슷하다.

이처럼 진화론은 생물의 모든 행동과 마음이, 유전자에 의해서 몇몇 특정한 방향으로만 미리 결정돼 있다는 이야기가 아닙니다. 진화론의 설명은 오히려 생물이 유전자 덕분에 여러 가지 가능성을 갖게 된다는 것에 가깝습니다. 생물이 환경에 잘 적응하는 다양성을 갖추도록 자연선택됐기 때문이지요. 마찬가지로 우리가 앞에서 살펴본 이타적인 행동과 마음의 진화 역시 다른 환경적인 요인들에 따라 얼마든지 다르게 나타날 수 있는 것입니다. 진화론은 가능한 여러 결과들 중에서 어떤 경향성을 가질 수 있다는 걸 이야기해 줄 뿐이지요.

『타인에게로』의 저자들이 이타적인 행동과 마음을 중심으로 진화론을 다시 살펴보는 이유는, 우리에게 일상에서 접하는 '진화론'과 '진화론을 인용한 이야기'들에 대한 오해를 풀어 주기 위해서입니다. 진화론이 정말 맞는 이야기만을 한다거나, 반대로 인간에 대한 잘못된 편견만을 심어 주는 것이라는 오해가 있기 때문입니다.

바로 여기에 진화론을 다시 봐야 하는 이유가 있습니다. 우리

주위에 있는 것들을 여러 질문을 통해 깊게 이해해 가는 과정을 학문이라고 한다면, 특히 진화론과 같은 '과학'은 어떤 판단이 더 나은지 근거를 명료하게 보여 주는 것 같습니다. 하지만 이 말은 과학이 항상 참된 근거를 준다는 것은 아닙니다. 궁금한 것을 이해하는 과정에서 어떤 것을 참고하고 어떤 것을 버릴지, 그 한계를 최대한 솔직하게 보여 주고 이야기할 수 있다는 것이지요. 과학은 그렇게 해서 보이지 않았던 것들을 드러내고, 그 한계의 울타리를 점점 넓혀 왔습니다.

이렇게 더 넓고 깊은 세계를 보여 주는 진화론을 비롯한 과학에 대해 단순한 관심을 넘어서는 논의가 활발해지면 좋겠습니다. 이때 진화론을 단지 옳은 지식이나 편견이 가득한 지식으로 소개하는 것만으로는, 이런 활발한 논의는 불가능할 것 같습니다. 지금까지 알려진 탐구들을 성실하게 살펴보고, 한계와 그 너머를 보려는 열정과 재미를 경험하면 가능할 것이라 믿습니다. 그러면 자연스럽게 더 나은 판단을 어떻게 할 수 있을지 고민하는 과정들이 이어지겠지요. 우리가 어떠한 경향을 갖는다는 건 진화론에 의한 부분적인 결론이지만 진화론을 어떻게 받아들이고 활용할지는 진화론과 결코 무관할 수 없는 우리 모두에게 달려 있는 일이기 때문입니다.

4

경쟁은 항상
더 나은 결과를
보장해 주는가?

로버트 프랭크 『경쟁의 종말』

김충한

생존과 번식에 유리한 특징을 지닌 개체는 선호되고

그렇지 않은 개체는 결국 사라진다.

많은 경우 개별 동물에게 유리한 특징이

종족 전체에도 유리했다.

그러나 개별 동물에게 유리한 특징 중에는

종족 전체에 해로운 결과를 낳는 것도 있었다.

－『경쟁의 종말』

우리는 왜 경쟁을 하는 걸까?

1, 2, 3장에서 리처드 도킨스의 『이기적 유전자』, 로버트 액설로드의 『협력의 진화』, 엘리엇 소버와 데이비드 슬로안 윌슨의 『타인에게로』를 통해 협력하는 활동이 만들어질 수 있고, 진화할 수 있음을 살펴보았습니다. 하지만 생물 사이에서 협력이 실제로 이루어지고 진화까지 함에도, 경쟁이 효율적이라는 믿음은 버리기가 쉽지 않습니다.

이런 믿음에 근거한 제도들을 흔히 볼 수 있습니다. 예를 들어 학교에서는 대부분 상대평가로 성적을 매깁니다. 상대평가를 하면 학생들끼리 자연스레 경쟁심이 생기고 이는 학생들 모두가 공부를 열심히 하는 결과를 가져올 거라고 생각하기 때문입니다. 국가들 사이에서는 FTA(자유무역협정)라는 협약을 만들기도 하는데, 다른 국가에서 생산되는 물품의 수입관세를 없애 자국에서 생산된 것과 공평하게 경쟁하자는 취지입니다. 이를 찬성하는 근거의 핵심도 역시 경쟁이 효율적이라는 생각입니다. 요즘 길거리에 외제차가 많이 보이죠? 높은 세금 때문에 사지 못했던 외제차를 관세가 내려가면서 구입할 수 있게 된 겁니다. 그럼 국산 자동차 회사들은 어떻게 대처할까요? 성능이 좋은 독일, 일본 차들 사이에서 살아남기 위해 기술을 개발하거나 가격을 낮추려고 더 치열하게 노력할 거고, 결과적으로 소비자들은 더 나은 제품을 싸게 살 수 있게 될 겁니다.

경쟁이 이처럼 효율적이라고 쉽게 생각할 수 있기 때문에 사람들은 인위적으로 경쟁을 만들어 냅니다. 국가부터 시작해서 조그만 학교 교실까지. 이런 믿음 때문에 우리는 자연 상태에서의 삶보다 더 많은 경쟁을 하게 됩니다. 심지어는 경쟁에서 오는 스트레스를 못 이기고 스스로 목숨을 끊기도 하죠. 자연 상태에 있는 동식물 중 생존경쟁에 스트레스를 받아 자살까지 하는 경우가 인간을 제외하면 얼마나 있을까요? 경쟁이 자연 상태에 늘 존재하는 건 맞지만 인간은 그것을 필요 이상으로 하고 있음 또한 분명합니다.

그런데 경쟁이 효율적이라는 생각은 확실히 맞는 걸까요? 우리 삶의 구석구석을 경쟁으로 채워 넣기 전에 경쟁이 정말 우리가 믿는 대로 효율적인지, 그래서 고통을 감수할 가치가 있는지를 먼저 살펴봐야 하지 않을까요?

이런 의문을 가진 사람들이 여럿 있었습니다. 그중 한 명이 로버트 프랭크(Robert H. Frank, 1945~)라는 경제학자입니다. 미국

『경쟁의 종말』, 로버트 프랭크 코넬 대학교 존슨 경영학 대학원의 경제학 교수이자 경영학 교수로 『승자독식사회』 『이코노믹 씽킹』 『사치열병』 등의 책을 썼다. 『경쟁의 종말』에서 다윈의 자연선택 이론을 빌려 경쟁 시장 시스템이 사회에 바람직한 결과를 가져다줄 것이라는 주장을 비판한다.

코넬 대학교 경제학과 교수인 로버트 프랭크는 『경쟁의 종말』 (2011)에서 경쟁이 우리가 쉽게 믿는 것처럼 효율적이지만은 않다고 주장합니다. 『경쟁의 종말』은 경제학 책인데, 흥미롭게도 그 근거를 다윈의 자연선택으로 제시하고 있지요.

그런데 경쟁에 대한 비판은 이전에도 계속 있어 왔습니다. 경쟁이 심화되면서 여러 부작용들이 발생하고 있기 때문이지요. '경쟁이 창의성을 해친다.', '공평하지 않은 경쟁은 문제를 일으킨다.'는 주장이 대표적이지요. 프랭크는 이와는 다른 관점에서 경쟁을 비판합니다. 이 글에서는 먼저 경쟁에 대한 기존의 비판들을 검토해 보고 이와 다른 관점에서 프랭크는 어떻게 경쟁을 비판하는지 알아보겠습니다.

경쟁에 대한 비판들: 창의성과 공정성

경쟁에 대한 기존의 비판들에는 크게 두 가지가 있습니다. 첫째, 경쟁은 창의적인 일을 하는 데 방해가 되기 때문에 무조건적 경쟁을 추구하면 안 된다는 것입니다. 둘째, 경쟁은 공평해야 하는데 그렇지 못한 경우 승자 독식의 사회가 된다는 것입니다.

첫 번째 비판을 살펴봅시다. 하버드 대학교 경영 대학원의 테레사 애머빌 교수는 경쟁이 창의적인 일에 방해가 된다고 주장하고, 입증하는 연구 결과를 발표했습니다. 애머빌은 직장인을 대상으로 실험했는데, 직장인의 업무를 두 가지로 분류했습니다. 한 업무는 정해진 방법대로 수행하기만 하면 되는 일입니다. 예를 들어, 슈퍼마켓에서 바코드를 찍는 일입니다. 바코드를 찍는데 특별한 창의성이 필요하진 않습니다. 그저 스캐너에 제품을 갖다 대기만 하면 되지요.

반면 그렇지 않은 일도 있습니다. 그 일을 맡은 사람이 여러 가능성을 실험해 보고 새로운 해결책을 만들어 내야 하는 일이지요. 예를 들어 광고를 제작하는 일이 그렇습니다. '이렇게 광고를 만들면 사람들의 이목을 집중시킬 수 있다.' 하고 정해진 방법이 있나요? 있을 것 같지 않지만 있다 해도 소용이 없을 겁니다. 있다면 모든 광고업자들이 그 방법대로 광고를 만들 것이고 그럼 소비자들의 눈길을 사로잡을 수 없게 될 테니 말입니다. 이처럼 창의적인 방법으로 해야 하는 업무도 있습니다.

애머빌의 연구 결과에 따르면, 다른 사람과의 상대적 비교를 통해서 일을 못하는 사람에게 벌을 내려 경쟁을 부추기는 시스템은 창의력이 필요한 업무에는 역효과를 불러일으킵니다. 스트레스만 가중할 뿐이라는 거죠. 창의력이 필요한 업무에서 중요한 것은 내재적 동기 요인 즉 '그 일에 내가 얼마나 관여되어 있는가?', '내가 그 일에 얼마나 호기심과 관심이 있는가?', '이 일을 할 때 내가 얼마나 자유롭게 결정을 내릴 수 있는가?'와 같은 것들이기 때문입니다. 그 일을 좋아해야 잘할 수 있는 일을 할 때는 다른 사람과의 비교는 불필요합니다. 지나친 스트레스 때문에 일을 하는 데 오히려 방해가 될 수 있습니다. 따라서 이 경우에는 경쟁이 사람들을 열심히 노력하게 만든다기보다는 일에 방해가 되는 비효율적 시스템이라고 할 수 있습니다.

경쟁에 관한 두 번째 비판은 우리가 자주 접했을 겁니다. 경쟁 시스템이 공평하지 않을 경우, 특정인이 많은 성과물을 가져가는 승자 독식 게임이 되어 버립니다. 우리가 경쟁 제도를 도입하는 이유는 누구에게 상을 내리고 누구에게는 벌을 내리기 위해서가 아닙니다. 개개인이 노력을 더 많이 하고 그래서 전체 집단이 이

전보다 나아지기 위해서 경쟁 제도를 도입하는 겁니다. 하지만 경쟁 시스템이 불공평할 경우 이런 목적은 잊히게 됩니다.

예를 들어 설명해 볼게요. 대기업이 조그만 가게들이 하던 식료품점 사업에 진출해서 사회문제가 된 경우가 있습니다. 동네 슈퍼마켓에 비해 대기업은 한꺼번에 많은 물건을 싸게 살 수 있습니다. 덕분에 싼 가격에 내놓을 수 있죠. 게다가 전문 경영인들이 있어 소비자들이 어떻게 해야 물건을 편하게 살 수 있는지 연구도 합니다. 사람들은 아무래도 싼 가격에 편리한 대기업 슈퍼마켓을 많이 이용하겠지요. 이를 내버려 두면 어떻게 될까요? 골목마다 대기업이 운영하는 슈퍼마켓만 남게 되고, 기존에 가게를 하던 사람들은 모두 실직자가 되어 버립니다. 그래도 소비자들은 물건을 싸고 편리하게 살 수 있으니 괜찮을까요? 그렇지 않습니다. 대기업이 운영하는 슈퍼마켓만 남는다면, 만에 하나 대기업 슈퍼마켓들이 식료품 가격을 마음대로 올리더라도 다른 가게가 없으니 사람들은 어쩔 수 없이 그 가격에 살 수밖에 없게 됩니다.

대기업과 동네 슈퍼마켓이 겉으로 보기에는 공평한 규칙에 따라 경쟁하는 것처럼 보이지만 찬찬히 살펴보면 그렇지 않은 것을 발견할 수 있습니다. 앞에서 말했듯이 대기업은 많은 자본을 보유하고 있어 대량 구매함으로써 싼 가격으로 살 수 있고 전문가들도 고용할 수 있습니다. 동네 슈퍼마켓과 출발선이 다른 겁니다.

권투 시합에서 헤비급 선수와 라이트급 선수가 맞붙으면 힘과 맷집이 월등한 헤비급 선수가 이길 확률이 아주 높습니다. 그런데 이를 두고 헤비급 선수가 라이트급 선수보다 열심히 훈련했기 때문이라고 말하지는 않습니다. 우리가 든 예시에서는 대기업이라는 헤비급 선수가 라이트급 경기에 나가 여러 상대를 쉽게 쓰러뜨리는 것과 같습니다. 이 경우에 경쟁은 각자가 더 열심히 노력하게 만든다기보다는 이미 결정된 승자가 모든 것을 가져가도록 부추길 뿐입니다.

첫 번째, 두 번째 모두 경쟁을 비판하는 입장이지만 그 방향은 조금 다릅니다. 첫 번째의 경우 경쟁 그 자체를 하지 않아야 하는 경우가 있다는 결론에 도달합니다. 왜냐하면 창의적인 일을 하는 데 방해가 되기 때문이죠. 두 번째 경우는 경쟁이 그 자체가 문제라기보다는 '공평하지 않은' 경쟁이 문제입니다. 공평하게 할 수 있다면 경쟁 그 자체에 대해선 반대할 이유가 없는 거죠. 우리가 흔히 듣는 경쟁에 대한 비판은 사실 대부분 두 번째에 가깝습니다. 사교육을 비판하는 의견들, 대기업의 횡포를 지적하는 의견들은 대개 경쟁의 '공평하지 않음'에 비판의 초점을 두고 있습니다. 이런 의견의 지지자들 중 상당수는 경쟁은 공평하게만 수행될 수 있으면 효율적이라고 믿고 있습니다.

따라서 경쟁에 대한 근본적인 비판은 첫 번째만 해당합니다. 하지만 창의적인 일을 하는 데 경쟁이 방해가 된다는 걸 인정한다면, 창의성이 그다지 필요 없는 일에는 무조건 경쟁을 받아들여도 문제없을까요? 프랭크에 따르면 그렇지 않습니다. 그는 경쟁 과정 자체에 문제가 있다고 지적합니다. 어떤 근거로 그런 주장하는지 살펴볼까요.

'끝없는' 게임이
모두를 '끝낼 수' 있다

경제학에서 경쟁은 매우 중요한 주제입니다. 경제학에서 자주 등장하는 '보이지 않는 손'이란 말을 들어 보았지요? 너무나 유명한 애덤 스미스라는 스코틀랜드의 경제학자가 한 말입니다. 개인이건 기업이건 각자의 이익을 추구하며 경쟁하다 보면 결국 모두에게 이익이 된다는 생각은 애덤 스미스에게서 가장 잘 드러납니다. 스미스의 말을 직접 인용을 해 보겠습니다.

> 그는, 일반적으로 말해서, 공공의 이익을 증진시키려고 의도하지도
> 않고, 공공의 이익을 그가 얼마나 촉진하는지도 모른다. (…) 노동
> 생산물이 최대의 가치를 갖도록 그 노동을 이끈 것은 오로지 자기
> 자신의 이익을 위해서다. 이 경우 그는, 다른 많은 경우에서처럼,
> 보이지 않는 손에 이끌려서 그가 전혀 의도하지 않았던 목적을 달
> 성하게 된다. 그가 의도하지 않았던 것이라고 해서 반드시 사회에
> 좋지 않은 것은 아니다. 그가 자기 자신의 이익을 추구함으로써, 흔

히 그 자신이 진실로 사회의 이익을 증진시키려고 의도하는 경우
보다, 더욱 효과적으로 그것을 증진시킨다.

—『국부론』

마지막 문장이 조금 헷갈리나요? 바꿔 말하면 의도하지 않게
좋은 일이 발생할 수도 있다는 말입니다. 이 생각은 폭넓게 받아
들여져 지금까지도 국가 정책이나 제도를 계획하고 집행하는 데
큰 영향력을 행사하고 있습니다. 이에 대해 비판하더라도 대부분
은 보이지 않는 손이 '공평하지 않게' 작동하는 것에 대한 비판에
가깝습니다. 프랭크는 이와 달리 보이지 않는 손 그 자체에 문제
가 있음을 지적합니다.

오늘날 진보적인 입장에서 시장 시스템을 비판하는 사람들은 스미
스와 마찬가지로 시장 실패의 원인을 경쟁을 제한하는 음모 탓으
로 여긴다. 그러나 지금보다는 스미스가 활동하던 시절에 훨씬 더
쉽게 경쟁을 제한할 수 있었다. 앞으로 더욱 분명하게 보겠지만 보
이지 않는 손에 대한 진정한 도전은 경쟁 과정 자체가 갖는 논리에
기반을 두고 있다.

어떤 근거로 이런 주장을 하게 됐을까요? 그 아이디어의 시작
은 찰스 다윈으로부터 나옵니다.

보이지 않는 손의 실패

모든 생물들은 생존경쟁을 합니다. 그런데 이 경쟁은 인간들 사회에서 발생하는 경쟁과 달리 불공평함이 없습니다. 막대한 자본력을 지닌 대기업이 동네 슈퍼마켓과 경쟁한다든가, 부유한 부모 덕에 고액 과외를 받은 학생과 그렇지 못한 학생이 경쟁하는 일 같은 것들이 자연에는 없습니다. 따라서 애덤 스미스의 보이지 않는 손이 얼마나 잘 작동하는지 경험적으로 확인하고 싶다면 자연으로 눈을 돌리면 됩니다.

다윈은 『종의 기원』에서 보이지 않는 손과 비슷한 원리로 생물들의 진화를 설명합니다. 다윈이 관찰한 자연 세계에서는 보이지 않는 손의 원리가 잘 작동했습니다. 우수한 개체들이 생존경쟁에서 살아남고 그래서 번식에 성공하면 이 우수한 개체의 형질이 유전되어 종 전체가 이전보다 우수해집니다.

예를 들어, 가젤 중에 우연히 돌연변이가 생겨났고 이 돌연변이는 다른 가젤보다 130% 빠르게 달린다고 합시다. 이 가젤은 잡아먹힐 위험이 적고 그래서 살아남아 번식할 확률이 높습니다. 그럼 그 자손도 달리기가 빠른 가젤일 확률이 높겠죠? 자손 역시 살아남아 번식을 할 가능성이 높을 테고 이런 식으로 점점 무리 안에 달리기가 빠른 가젤의 수가 늘어나게 됩니다. 결국엔 가젤 종 전체가 예전보다 130% 빨라지게 되겠지요. 애덤 스미스가 말하는 보이지 않는 손의 원리는 자연에서 이렇게 작동합니다. 각 개체들이 그저 자기가 살아남기 위해 애쓰다 보면 우수한 개체가 자연으로부터 선택을 받고, 이들이 번식해서 집단 전체가 발전한다는 논리입니다.

그런데 다윈은 자연 세계에서 보이지 않는 손이 잘 작동하지 않는 경우도 목격합니다. 공작새는 깃털이 화려하죠? 화려한 공작은 수컷입니다. 암컷에게 잘 보이기 위해 크고 화려한 깃털을 가집니다. 수컷 공작새들은 암컷을 차지하기 위해 경쟁을 할 겁니다. 그런데 우연히 돌연변이 수컷이 태어나 다른 수컷들보다 130% 크고 더 화려한 깃털을 가졌다고 합시다. 그럼 이 수컷은 암컷들의 눈길을 쉽게 끌 수 있고 번식에 성공할 겁니다. 그 자손들도 크고 화려한 깃털을 가질 확률이 높겠죠. 이 과정이 반복되면 그 집단 내의 수컷들은 점점 깃털이 커지고 화려해질 겁니다.

그런데 문제가 발생합니다. 크고 화려한 깃털은 암컷의 주의를 끌기 쉽지만 동시에 천적의 주의도 끌기 쉽기 때문입니다. 게다가 포식자로부터 도망갈 때도 방해가 됩니다. 어떤가요? 각 개체들이 경쟁을 했음에도 이번에는 집단 전체가 발전하기는커녕 크고 화려한 깃털 탓에 모두가 멸종할 위험에 처하게 됐습니다. 어떤 편법이나 반칙이 없었음에도 보이지 않는 손이 실패한 셈입니다.

프랭크는 다윈의 관찰에 근거해 보이지 않는 손이 실패할 수 있다고 주장합니다. 그의 말을 인용해 보죠.

다윈 이론의 중심 전제는 '자연선택은 번식 적합성을 높이는 특징을 지닌 변종을 선호한다.'는 것이다. 생존과 번식에 유리한 특징을 지닌 개체는 선호되고 그렇지 않은 개체는 결국 사라진다. 많은 경우 개별 동물에게 유리한 특징이 종족 전체에도 유리했다. 그러나 개별 동물에게 유리한 특징 중에는 종족 전체에 해로운 결과를 낳는 것도 있었다.

개별 동물에게는 유리한 특징(크고 화려한 깃털)이 종족 전체로 퍼지면 공작새 집단의 생존 가능성을 떨어뜨린다는 얘기입니다. 그렇다고 보이지 않는 손이 항상 실패한다고 말하는 건 아닙니다. 가젤의 예시에서는 분명 더 나은 결과로 나타났으니까요. 나은 결과를 가져다줄 수도 있지만 그렇지 않을 수도 있다는 겁니다. 그 차이는 뭘까요?

위에서 언급한 두 예시를 잘 살펴보면 알 수 있습니다. 돌연변이 가젤은 살아남기에 적합했습니다. 빠른 달리기는 가젤의 생존에 필수이기 때문입니다. 이와 달리 돌연변이 공작새는 살아남기에 적합했다기보다는 암컷을 차지하기 위한 수컷들 간의 경쟁에서 유리했습니다. 자연 세계에서 암컷을 차지하는 수컷은 집단 내에서 지위가 높습니다. 우두머리 수사자는 여러 마리의 암사자를 차지합니다. 나머지 수사자는 짝이 없을 수도 있지요. 따라서 돌연변이 공작새는 일종의 '지위' 경쟁에서 적합했다고 말할 수 있습니다.

　가젤과 공작새의 사례는 살아남기에 직접적으로 유리한 것과 자신의 무리 내에서 '지위'를 높이는 데 유리한 것 사이에 간극이 있음을 보여 줍니다. 물론 생존에 유리한 개체가 자연스레 높은 지위를 차지하지 않을까 하고 생각할 수도 있습니다. 그런데 그렇게 단정 지을 수 없는 이유가 있습니다. 가령 말코손바닥사슴은 수사슴이 큰 뿔을 가지는데, 암컷은 크고 화려한 뿔을 가진 수컷을 선호합니다. 이 크고 화려한 뿔이 천적을 만났을 때 얼마나 거추장스러울지는 금방 상상해 볼 수 있겠죠. 또 코끼리표범의 경우에는 암컷은 몸집이 커다란 수컷을 선호합니다. 역시 마찬가지로 크고 육중한 몸을 가진 수컷은 천적으로부터 달아나기가 쉽지 않겠죠. 요약하면, 생존에 유리한 것과 지위 경쟁에서 유리한 것 사이에는 어느 정도 차이가 있는 셈입니다. 이를 근거로 생각해 보면 보이지 않는 손은 지위를 높이는 경쟁에서는 실패할 수 있는 것이지요.

　이제 인간의 세계로 돌아옵시다. 자연 세계와 달리 인간들의 경쟁에는 각종 편법들이 존재합니다. 그래서 이런 꼼수들이 없으면 보이지 않는 손에 의해 집단 전체가 발전할 거라고 믿습니다. 하지만 앞서 자연 세계의 예시를 통해 그런 믿음이 틀릴 수 있다는 의심을 할 수 있게 됐습니다. 사회적 '지위'를 높이는 경쟁에서는, 누군가는 이긴다 해도 집단 전체가 멸종할 수 있기 때문입니다. 혹시 우리가 하는 경쟁 중에 그런 경쟁은 없을까요?

지위를 둘러싼 경쟁

인간 사회에도 그런 경쟁이 있습니다. 그저 사회 안에서 내 지위를 높이기 위해 하는 경쟁이 있습니다. 예를 들어 보죠. 『경쟁의 종말』에 나오는 예입니다.

> 상황 A: 이웃 사람들은 40평 아파트에 살고 당신은 25평 아파트에 산다.
> 상황 B: 이웃 사람들은 15평 아파트에 살고 당신은 20평 아파트에 산다.

여러분이라면 어떤 상황을 선택하겠습니까? 상식적으로는 25평이 넓으니 A를 선택할 것 같죠? 그런데 실제 설문 조사 결과 대부분의 사람들은 상황 B를 선택했습니다. 다른 사람들보다 상대적으로 좁은 집에서 박탈감을 느끼며 사느니 차라리 절대적으로는 좀 좁더라도 다른 사람들보다는 넓은 집에서 사는 게 낫다는 거죠. 쉽게 말해 용의 꼬리가 되는 것보다 뱀의 머리가 되는 게 낫다고 판단한다는 겁니다. 이번엔 다른 예를 들어 볼게요.

> 상황 A: 당신은 사고로 사망할 확률이 1만분의 2인 직장에 다니고

다른 사람들은 1만분의 1인 직장에 다닌다.

상황 B: 당신은 사고로 사망할 확률이 1만분의 4인 직장에 다니고

다른 사람들은 1만분의 8인 직장에 다닌다.

이 경우는 어떨까요? 대부분의 사람들이 상황 A를 선택합니다. 다른 사람보다 상대적으로 위험할지라도 차라리 안전한 직장을 선호합니다. 목숨이 걸린 상황에서는 다른 사람과 비교하기보다는 절대적으로 안전한지가 더 중요하다고 생각하기 때문입니다.

위의 두 예시 중 지위 경쟁과 관련한 것은 어떤 것일까요? 예, 첫 번째입니다. 누구나 기왕이면 다른 사람의 집보다 나은 집에 살고 싶어 합니다. 여기서 '나은 집'이라는 것은 그 집의 시설이 얼마나 좋으냐와는 큰 관련이 없습니다. 시설로 따지면 아궁이에 장작을 넣어 난방을 하는 옛날 집과 비교해 보일러 시스템으로 작동하는 대부분의 요즘 집은 훨씬 쾌적합니다. 그렇다고 현대인들이 늘 자신의 집에 만족스러워하며 사나요? 그렇지 않을 겁니다. 요즘에는 어느 지역에 사느냐가 사회적 지위를 나타내기 때문에 시설은 크게 중요하지 않습니다. 비좁고 오래된 아파트라 해도 강남에 있다는 이유로 살고자 하는 사람들이 많고 값이 비싸죠.

이런 경쟁은 앞서 공작새의 경우와 마찬가지로 지위를 둘러싼 경쟁이라고 할 수 있습니다. 그런데 문제가 있습니다. 이 경쟁에

모두가 참여해 열심히 돈을 벌어 강남에 있는 집을 산다고 해서 우리나라의 경제가 좋아질까요? 외려 이런 경쟁이 집값을 상승시켜 가계 빚을 늘리고 집값 거품이 언제 꺼질지 몰라 경제를 더 불안하게 만든다고 하지 않나요?

그렇다고 사람들이 지위를 높이기 위한 경쟁에 뛰어드는 것이 비합리적인 행위인 것만은 아닙니다. 개개인의 단기적 관점에서는 실질적인 이익을 주기 때문에 그런 경쟁에 뛰어듭니다.

예를 들어 앞서 언급한 대로 대부분의 척추동물 사회에서는 지위가 높은 수컷 한 마리가 대다수의 암컷을 차지합니다. 이 때문에 수컷들이 우두머리 자리를 놓고 혈투를 벌이기도 하지요. 인간의 경우 과거 수렵 생활을 할 때 기근이 닥치면 부족한 식량을 어떻게 배분했을까요? 무리 내에 우두머리와 가장 신분이 낮은 사람 중 누가 더 많은 식량을 확보할 수 있었을까요? 당연히 지위가 높은 사람이었을 겁니다. 강남에 사는 경우도 마찬가지입니다. 강남에 산다는 것만으로 누릴 수 있는 문화적 혜택, 교통의 편리, (사교육을 포함한) 우수한 교육 외에도 그들만의 인적 네트워크를 만들 수도 있습니다. 이처럼 사회적 지위가 높으면 실질적 이익을 얻을 수 있기 때문에 지위 경쟁을 하는 것이 어리석다고 조소할 수만은 없습니다. 외려 그것이 개인의 관점에서는 그 나름대로 합리적인 까닭에 문제가 되는 것이지요.

그런데 만약 모두가 지위를 높이는 방식으로만 이익을 취하려

한다면 어떻게 될까요? 어떤 인디언 부족에서 우두머리의 조건
은 말을 잘하는 것이었다고 합니다. 많은 사람들 앞에서 말을 얼
마나 유창하고 멋지게 하는가가 우두머리가 갖춰야 할 조건이었
다는 것이죠. 만일 모든 부족원들이 우두머리가 되기 위해 말하
기 연습만 한다고 생각해 봅시다. 사냥 기술이나 채집에는 관심
이 없고 모두가 지위 상승을 위한 경쟁만 한다면 그 부족은 기근
이 오기도 전에 공멸할 겁니다. 지위 경쟁은 그 경쟁에서 승리한
'개인'에게 지금은 실질적 이익을 가져다줄지 모르나 '집단 전체'
에는 해로운 영향을 끼치는 경우가 많습니다. 집단에게 해로운
영향은 결국 언젠가 개개인들에게도 되돌아오겠죠.

경쟁에서 자유로워지기

'무한 경쟁 시대'라는 허구

우리가 살고 있는 사회 시스템에는 앞의 사실들이 이미 곳곳에 반영되어 있습니다. 즉 경쟁이 항상 이롭지만은 않다는 사실 말이지요. 실례로 미국과 러시아는 1991년 Start-1이라는 협정을 맺어 각국의 핵무기를 6천 개 이하로 줄이는 데 합의했습니다. 군비 경쟁이라는 것은 상대국보다 많은 무기를 보유하는 것이 중요한, 일종의 지위 경쟁이어서 충분히 무기를 샀다고 안심할 수 있는 단계 같은 것이 없습니다. 옆 나라에서 우리나라보다 무기를 더 많이 사면 상대적으로 위험해지는 거니까요. 그래서 지구를 수십 번 파괴하고도 남을 만큼의 핵무기를 만들어도 멈추지 않고 계속 만드는 거죠. 하지만 이 경쟁을 계속하다가는 모두가 핵전쟁으로 망하거나 국가 재정을 낭비하게 됩니다. 그래서 미국과 러시아는 협정을 맺어 양국의 핵무기 개수를 줄이자고 합의를 한 것입니다.

뿐만 아니라 명품 시계, 명품 가방 같은 사치품들에는 대부분의 나라에서 세금을 높게 매겨 소비를 억제하고 있습니다. 명품 시계나 가방은 기능적인 필요보다는 다른 이유로 주로 사지요. '나는 이런 걸 살 수 있는 재력가야.', '나는 사회적 지위가 이 정도 되는 사람이야.' 같은 과시를 하기 위해 주로 삽니다. 하지만 이런 뽐내기 역시 상대적인 것이기에 비슷한 수준의 명품을 너도나도 사 버리면 별 의미가 없어집니다. 더 비싼 것으로 업그레이드를 해야 하죠. 이런 식으로 사회적 지위를 과시하는 사치품을 사는 데 경쟁이 붙기 시작하면 끝없이 이어지게 됩니다. 그리고 많은 돈을 사치품을 사는 데 써 버리면 지금 당장 생활하는 데는 문제가 없더라도 저축을 충분히 하지 못할 가능성이 큽니다. 그래서 만에 하나 돈이 많이 필요한 일(예를 들어 사고를 당한다든가 자식이 결혼을 한다든가 직장에서 은퇴하여 수입이 줄어든다든가)이 발생할 때 문제가 생길 수 있습니다. 그래서 어떤 나라든 사치품에는 세금을 많이 붙여서 소비를 억제하고 있습니다.

스포츠의 예를 들어 볼까요? 자동차 경주에서는 엔진 배기량에 상한을 두고 있습니다. 왜 그럴까요? 기왕에 달리는 거 큰 엔진을 달아서 경주하면 더 재밌을 텐데요. 상한선을 없앤다면 모든 레이서들이 엔진 배기량을 다른 경쟁자보다 높이려 할 것이고 그렇게 되면 엔진 배기량은 끝도 없이 커지게 되겠죠. 그 결과 만에 하나 경기 중 사고라도 나면 폭발 위험은 훨씬 더 커지게 됩니다.

이런 위험을 방지하기 위해 아예 엔진 배기량은 얼마 이상 올릴 수 없다고 규정으로 못 박고 있습니다.

우리가 흔히 듣는 무한 경쟁 시대라는 말이 있습니다. 국가, 기업, 학교, 개인 할 것 없이 모두 경쟁에 뛰어들어야 하는 시대가 왔다는 말이죠. 이는 현실과 다릅니다. 경쟁이 항상 좋은 결과만 가져다주지 않는 것을 암묵적으로 알고 있기에 '무한 경쟁 시대'라 불리는 지금도 사회 곳곳에는 경쟁을 제한하는 제도들이 존재합니다. 이런 제도들과 이 제도들이 필요한 이유를 깨닫지 못한 채, 치열한 경쟁만을 보고, 또 그로부터 경쟁이 사회 전체를 발전시키는 근본적인 원리라고 생각하는 것은 현실을 단순화해서 보는 것이라 할 수 있습니다.

하지 '않을 수' 있는 능력

한데 이런 생각이 들 수 있습니다. 자연 생태계에서 경쟁이 발생한다는 것은 곧 경쟁이 자연의 원리라는 것 아닌가요? 동물들은 먹을 것을 놓고 치열한 생존경쟁을 할 수밖에 없고, 또한 인위적으로 만들지 않아도 수컷들 무리 안에서는 지위 경쟁이 발생합니다. 남고를 다녀 보셨다면, 학기 초마다 일어나는 남학생들의 싸움이 앞서 언급한 지위 경쟁과 상당히 유사하다는 것을 알 수 있겠지요. 이처럼 사람도 자연의 일부이기 때문에, 지위 경쟁을 하는 것은 '자연스러운' 행동일 겁니다. 기왕이면 남들보다 넓은 집에서 살고 싶어 하는 심리는 매우 자연스러운 그래서 '본능' 같은 것일 수 있다는 말입니다. 만일 그렇다면, 이런 지위 경쟁을 인위적으로 억누르려고 하기보다는 차라리 거기에 순응하고 그 본능에 따라 사는 것이 우리가 가야 할 길일까요? 치열한 경쟁으로 인해 삶은 고달프지만, 이런 것이 자연의 섭리고 세상의 이치라고 여기는 성숙한(?) 태도를 갖추면서 말입니다.

그런데 이런 식의 태도는 자연스럽다는 것과 그것이 좋다는 것을 착각하는 데서 발생하는 오해인 것 같습니다. 예를 들어 더운 여름에는 기분이 불쾌해져서 주변 사람들에게 짜증을 내는 것이 자연스러운 현상입니다. 하지만 그렇다고 하여, "앞으로 본능에 따라 여름에는 짜증 내며 삽시다."라고 하지는 않습니다. 오히려 짜증 내기 쉽다는 사실을 알기 때문에 더 조심하고 스스로를 살피게 되는 쪽이 정상입니다.

마찬가지로 인간도 자연의 일부이기 때문에 지위 경쟁을 하는 것이 자연스럽습니다. 하지만 그런 지위 경쟁이 발생하기 쉽고 해로운 것을 알기 때문에, 발생하지 않도록 제도를 만들고 중재하는 것이 합리적인 선택이겠죠.

고대 그리스의 철학자 아리스토텔레스는 인간이 자연의 다른 존재들과 다른 점 중 하나로 하지 '않을 수' 있음을 언급합니다. 그에 따르면 인간이건 다른 존재건 둘 다 잠재성이란 것이 있습니다. 예를 들어 사과나무 씨앗은 아직 사과나무는 아니지만 미래에 사과나무가 될 잠재성을 그 안에 품고 있습니다. 사람도 마찬가지입니다. 어린아이들도 나중에 커서 무언가를 할 수 있는 잠재성이 있습니다. 그런데 사과나무 씨앗은 땅에 떨어져 적당한 물과 빛이 주어지면 사과나무로 자랄 '수밖에' 없습니다. 즉 자신의 잠재성이 펼쳐질 수밖에 없습니다. 사과나무 씨앗이 스스로 다짐을 해서, 물과 빛이 있어도 사과나무가 되지 않겠다고 결정할 수는 없습니다.

이와 달리 인간이라는 존재는 그 안에 머금고 있는 잠재성을 펼치지 '않을' 능력이 있다고 아리스토텔레스는 말합니다. 예를 들어 시인은 시를 지을 수 있는 잠재성이 있지만 시를 안 지을 수 있습니다. 건축가도 집을 지을 수 있는 잠재성이 있지만 그가 원하지 않으면 집을 안 지을 수도 있습니다. 또 적정 수준의 온도와 습도가 올라가면 기분이 불쾌해지고 폭력적이 될 잠재성을 가지고 있지만, 실제로 주위 환경이 그렇게 조성되더라도 즉각적으로 폭력적이 되지는 않습니다. 불쾌해진 기분을 즉각적으로 발산하기보다는 체감 온도를 바꾸기 위해 주위 환경을 바꿔 가며 기분을 가라앉히겠죠.

인간이 자연의 다른 존재보다 우월하다고 말할 때, 주로 인간의 '할 수 있음'에 주목합니다. 인간은 튼튼한 집을 만들 수 있고, 빠른 자동차를 만들 수 있고, 심지어는 이 지구를 멸망시킬 수도 있는 무기를 만들 수 있다는 식으로 말이지요. 하지만 인간이 다른 존재와 구별되는 것은 할 수 있음에도 하지 않을 수 있음에 있는 게 아닐까요? 할 수 있다 하여 다 하는 것은 사과나무 씨앗이 사과나무가 될 수밖에 없는 것과 차이가 없기 때문입니다.

인간들은 경쟁을 할 수 있습니다. 그리고 각종 제도를 통해 경쟁을 주어진 것 이상으로 더 격화시킬 수 있는 능력도 있습니다. 하지만 이제껏 보아 왔듯이 경쟁은 효율적인 결과를 가져오지만 어떨 땐 우리 모두가 공멸할 수도 있는 결과를 가져오기도 합니다. 인간이 더 인간답게 되는 길은 어떤 것일까요? 그것은 자연 발생적으로 생겨나는 것(경쟁)을 보다 강하게 '할 수 있음'에서 오지 않습니다. 보다 강하게 할 수 있음에도 '하지 않을 수 있음'을 통해 이것(경쟁)이 우리에게 도움이 되는지 생각해 보기. 그래서 만일 부정적인 결과를 가져온다는 판단이 들면, 그것(경쟁)이 발생하지 않도록 조건을 바꾸기. 이것이 우리가 보다 인간답게 그리고 보다 자유롭게 살아가는 길이 아닐까요?

5

협력은
어떻게 변화를
만들어 내는가?

린 마굴리스 『공생자 행성』

노의현

우리 눈에 보일 만큼 큰 생물들은

모두 한때 독립생활을 했던

미생물들이 모여

더 큰 전체를 이룬 것이다.

-『공생자 행성』

어찌 됐든 경쟁?

혹시 여러분 만화책 좋아하나요? 저는 무척 좋아하는데요, 특히 '순정 만화'와 대비되는 '소년 만화'라고 불리는 장르를 좋아합니다. 이런 만화로는 『슬램덩크』, 『나루토』, 『미스터 초밥왕』 등이 있죠. 누군가는 이러한 '소년 만화'의 특징을 꿈, 노력, 승리라는 세 가지 요소로 설명합니다. 주인공이 원대한 꿈을 가지고, 끼니를 거르고 밤을 새워 가며 피나는 노력을 해서 결국 경쟁에서 당당하게 승리하게 되는 것이 보통의 스토리이죠.

때로는 뻔한 스토리에 뻔한 주인공이라고 비난하기도 하지만, 막상 만화책을 넘기다 보면 벅찬 감동과 뜨거워지는 가슴을 느끼게 됩니다. 무수한 초밥 대회에서 치열한 대결을 거쳐 성장해 나가는 『미스터 초밥왕』의 쇼타, 서로에 대한 경쟁심, 열등감이 끊임없는 노력의 원천이 되는 『나루토』에서의 나루토와 사스케, 타고난 재능에 노력까지 겸비한 서태웅을 따라잡기 위해 발버둥 치는 『슬램덩크』 강백호까지. 자신 앞에 놓인 한계에 부딪혀도 멈추어 서지 않고, 계속해서 나아감으로써 결국 그 한계를 돌파해 내는 주인공들! 이처럼 치열한 경쟁을 통해서라면 그 어떤 한계를 극복하는 성장도, 새로운 변화를 만들어 내는 것도 가능해 보입니다. 만약 이 주인공들이 경쟁할 상대 없이 혼자였다면 좀처럼 해내기 어려운 일이었겠죠. 그래서 이런 만화책을 보다 보면 '나도 저렇게 열정적으로 경쟁할 만한 상대를 만나고 싶다!'는 생각이 들기도 합니다.

이러한 만화 속 주인공들과 유사하게, 지금까지 많은 생물학자들 또한 경쟁을 통한 생존만이 새로운 종을 만들 수 있다고 이야기해 왔습니다. 1장과 2장에서 살펴보았듯이 리처드 도킨스나 로버트 액설로드가 협력의 사례들 또한 경쟁의 논리로 충분히 설명해 낼 수 있음을 증명했던 것처럼, 생물학자들은 협력보다는 경쟁이 진화의 1차적인 메커니즘임을 주장했습니다. 이 때문에 "경쟁 없이는 새로운 것이나 발전된 결과를 만들어 낼 수 없다."는 이야기들이 일상 속에서도 끊임없이 반복될 수 있었습니다. 3장과 4장에서 보았던 것처럼, 생물의 본성이 단지 이기적이지만은 않으며, 또 경쟁이 꼭 좋은 결과를 낳는 것이 아님에도 말이죠. '이기적'인 생물들 간의 '경쟁'이라는 그림에 아무리 허점이 많다고 해도, 경쟁이 아니라면 딱히 생물의 진화를 설명할 길이 없었으니까요.

그런데 정말 그럴까요? 경쟁의 논리가 아닌, 다른 관점에서 진

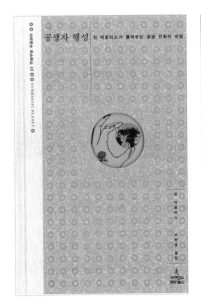

『공생자 행성』, 린 마굴리스 미국의 생물학자로 세포 생물학과 미생물의 진화 연구에 기여를 한 것으로 평가받는다. 미생물의 관점에서 생물 진화의 역사를 살펴보고 인간 중심의 세계관을 비판했다. 『공생자 행성』은 지구 초기의 생물들의 탄생을 통해 다양한 공생 사례를 보여 주고 새로운 생명의 출현이 공생 진화 덕분임을 밝히는 책이다.

화를 설명할 방법은 없는 걸까요? 이를 위해 질문을 한번 바꾸어 던져 보겠습니다. 과연 경쟁의 논리는 생물의 진화 과정에서 일어난 모든 것을 설명할 수 있을까요? 어딘가에는 경쟁의 논리만으로 설명할 수 없는 것도 있지 않을까요?

우리가 지금부터 함께 살펴볼 책, 『공생자 행성』(1998)의 저자 린 마굴리스(Lynn Margulis, 1938~2011)도 이와 같은 문제를 탐구했던 사람이었습니다. 1938년 봄, 미국에서 태어난 이 생물학자는 세포 생물학과 미생물의 진화를 연구해 왔습니다. 오랜 연구 끝에 '적자생존'이 아닌 새로운 법칙으로 진화를 설명할 수 있게 되었는데요, 『공생자 행성』에 바로 이 새로운 법칙인 '공생 진화'의 내용이 소개되어 있습니다. 마굴리스는 어떻게 이런 새로운 생각을 할 수 있었던 것일까요? 바로 한때 생물학자들을 크게 당황시켰던 한 가지 문제 덕분이었습니다.

우리는 어떻게 만나서
'나'가 되었을까?

적자생존이 설명할 수 없는 것들

약 한 세기 전, 현미경의 비약적인 발전으로 세포의 구조까지 들여다볼 수 있게 되어, 생물학자들이 우리 몸 이곳저곳을 신나게 들여다보던 무렵이었습니다. 우리 몸의 세포가 대충 어떻게 생겼는지는 아나요? 간단히 살펴보고 갑시다. 먼저 가장 바깥쪽에는 세포를 감싸고 있는 세포막이 있고, 그 안은 세포질로 채워져 있습니다. 그리고 세포에서 가장 중요한 부분이라 할 수 있는 핵이 들어 있죠. 핵 안에는 우리의 모든 유전정보가 담긴 DNA가 있습니다. 하지만 세포 안에 핵만 있는 건 아니에요. '세포 소기관'이라 불리는, 정해진 일을 수행하는 다양한 기관도 있습니다. 즉 핵이 세포의 전체적인 환경을 관리한다면, 세포 소기관들은 그 속에서 자신이 맡은 역할을 하는 것이죠. 에너지 생산을 담당하고 있는 미토콘드리아도 소기관 중 하나입니다. 그런데 바로 여기서 문제가 발생하죠.

이전까지의 과학자들은 세포 소기관들이란 분명 핵에서 떨어져 나간 부분이며, 그 후 각자의 독특한 기능을 발전시켰을 것이라고 믿고 있었습니다. 그런데 성능이 좋아진 현미경으로 그 기관들을 더 자세히 들여다볼 수 있게 되자 놀라운 사실이 발견됩니다. 미토콘드리아 안에도 DNA가 들어 있는 거예요! 음…… 이게 대체 왜 놀라운 사실이냐며 의아한 표정을 짓고 있는 몇몇 사람들이 보이네요.

앞서 이야기했다시피 DNA에는 우리 몸속의 모든 유전정보가 담겨 있어요. 머리카락 색깔부터 키, 얼굴 생김새, 발 크기, 손가락 개수까지 말이죠. 이 때문에 DNA는 한 생물이 번식을 통해 자손을 만들 때 가장 중요한 부분이라고 할 수 있죠. 따라서 핵 안에 이미 DNA가 있는데, 그저 세포 소기관 중 하나인 미토콘드리아에 또 DNA가 있다는 건 굉장히 이상한 사실이었습니다. 미토콘드리아가 핵에서 떨어져 나와 형성된 부분이라면, 게다가 에너지 생산만을 담당하는 기관이라면, 굳이 유전물질을 가지고 있을 이유가 없었던 거죠.

과학자들을 더욱 당황시킨 사실은 미토콘드리아에 들어 있던 DNA가 핵 속의 DNA와는 다르다는 것이었습니다. 범죄 수사물을 즐겨 보는 사람이라면 이게 어떤 의미인지 금방 알아챌 수 있을 거예요. 살인 사건이 일어난 현장에서 피해자가 아닌 다른 사람의 DNA가 담긴 머리카락이 발견되었다! 그럼 다음 장면에서

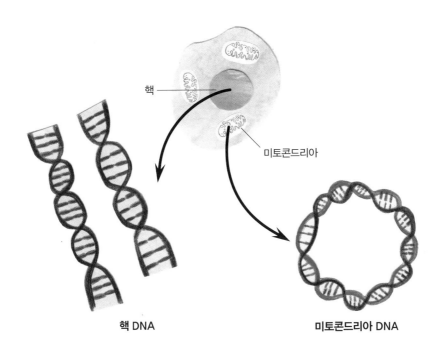

핵

미토콘드리아

핵 DNA

미토콘드리아 DNA

그 사람은 유력한 용의자가 되어 체포당하게 되죠. 그렇다면 미토콘드리아의 DNA와 핵의 DNA가 다르다는 것은 무엇을 의미할까요? 나와 내 몸속에 있는 미토콘드리아가 다른 생명체라는 것일까요? 이 질문에 그 누구도 대답할 수가 없었습니다. 즉 이 발견은 진화와 발달에 대한 기존의 이론들로는 설명할 수 없었던 거죠. 그런데 지금부터 『공생자 행성』을 통해 살펴볼, 먼 옛날 조그마한 미생물들 사이에 벌어졌던 사건은 이에 대해 조금 다른 대답을 들려줍니다.

산소호흡의 비밀

우리는 매순간 숨을 들이쉬고 내쉬는 산소호흡을 통해 살아갑니다. 이는 괜한 행동이 아니라 산소를 이용해 우리 몸속에서 사용할 에너지를 만들어 내는 과정이죠. 그런데 혹시 여러분 중에 우리가 언제부터 이러한 능력을 갖게 되었는지 아는 사람 있나요? 이 이야기를 하기 위해서는 산소가 아니라 수소를 통해서 호흡하는 '시아노박테리아'라는 조그만 세균이 살던 20억 년 전으로 돌아가야 합니다.

20억 년 전 이 세균들을 둘러싸고 있던 자연환경은 지금과는 무척이나 많이 달랐습니다. 일단 공기 중에 산소가 거의 없었죠. 그러던 중 '물(H_2O)'이라는 새로운 자원을 만나게 됩니다. 시아노박테리아들은 수소(H)를 무척이나 좋아했기 때문에, 물에서 수소만을 쏙쏙 빼먹었습니다. 하지만 이러한 편식의 결과로 대재앙이 닥쳐오게 되죠. 바로 물에서 수소가 분리되면서 이때 남은 산소(O)들이 공기로 대량 배출되어 버린 것입니다. 지금 우리야 산소를 먹고 사니까 반길 일이지만, 이들과 함께 살던 대부분의 생물들은 산소를 싫어하는 '혐기성' 생물이었습니다. 때문에 산소가 공기 중으로 대량 배출되어 버린 이 사건은, 혐기성 생물들로서는 공기 중에 유독 기체가 가득 차 버린 대규모 공기 오염이었던 거죠. 이를 어쩌나!

하지만 당시에는 우리처럼 산소를 좋아하는 '호기성' 생물도 있었습니다. '프로테오박테리아'라는 조그만 세균이었죠. 아마 이들에게는 이 대재앙이 오히려 축제 같았을 것입니다. 그 모습이 괘씸해서였는지, 아니면 단지 배가 고파서였는지는 모르겠지만, 아까 말한 혐기성 생물 중 하나가 이 프로테오박테리아를 꿀꺽 잡아먹어 버립니다. 그런데 여기서 매우 당황스러운 일이 벌어집니다. 몇날 며칠이 지나도 잡아먹은 프로테오박테리아가 소화가 되지 않는 거예요! 혐기성 생물은 부른 배를 부여잡고 안간힘을 써 보았지만, 배 속에 있는 세균의 반항 때문에 결국 이를 소화시키지 못합니다. 그럼 어떻게 되었을까요? 이때부터 프로테오박테리아는 혐기성 생물에게 잡아먹힌 채로, 혐기성 생물은 호기성 세균을 잡아먹은 채로 살아가게 됩니다.

물론 이게 쉬운 일은 아니었겠죠. 생판 남남인 몸에서 사는 일이니 말입니다. 그래서 잡아먹고 잡아먹히며 싸우던 두 생물이 화해를 하고 동맹 관계를 맺습니다. 기왕 이렇게 같이 살 거 어떻게 하면 더 잘 살 수 있을까를 고민하게 된 것이죠. 그런데 이 당시 환경이 어땠는지 기억하나요? 혐기성 생물에게는 '산소 대재앙'이라는 무지막지한 재난의 상황이었죠. 그런데 잡아먹힌 프로테오박테리아와의 동맹 관계를 통해서 이 재난을 극복할 수 있는 묘책이 발견됩니다. 산소를 좋아하는 프로테오박테리아가 혐기성 생물에게 산소를 활용할 수 있는 능력을 제공한 것이죠. 대신 이 프로테오박테리아는 혐기성 생물이 섭취한 영양분의 일부분을 가지고 갑니다. 이런 둘의 상태를 보통 '서로 도우며 함께(共) 산다(生).'라는 뜻에서 '공생'이라고 표현합니다.

그런데 이런 상태로 오랜 시간이 지나자 누가 혐기성 생물이고, 누가 프로테오박테리아인지 구분할 수 없게 되어 버립니다. 너무 오래 끈끈히 지냈던 탓에 이제는 프로테오박테리아가 소화되어 버린다거나 혐기성 생물이 죽어 버린다면 둘 중 어느 하나도 살아남을 수 없게 됩니다. 이로써 프로테오박테리아는 혐기성 생물의 신체 기관의 하나로 자리 잡게 되는 것이죠. 하지만 이 혐기성 생물 역시 그 전과 같은 생물이라고 이야기할 수는 없을 것입니다. 심지어 더 이상 산소를 싫어하지 않으니 '혐기성' 생물이라고 부를 수도 없겠죠. 이제 이 둘은 하나의 '공생체'로서 그 밖의 혐기성 생물들과는 다른, 전혀 새로운 제3의 생물로 탄생합니다. 그리고 그 후손이 널리널리 퍼져서, 오늘날 산소호흡을 하는 모든 생물들을 이루게 되는 것이죠.

이쯤 되면 아마 궁금할 거예요. "아니 그럼 우리도 이 생물들의 후손이란 말이야?"라고요. 놀랍게도 20억 년 전에 잡아먹힌 프로테오박테리아의 후손이 우리 신체의 모든 세포 안에도 자리 잡고 있습니다. '미토콘드리아'라는 이름으로 말이죠. 미토콘드리아는 우리 인간뿐 아니라 모든 동물과 식물, 심지어 곰팡이의 세포 안에서도 산소를 이용해 생명 유지의 동력인 화학 에너지를 만들며 살아가고 있습니다. 이렇게 보면 우리가 지금은 너무도 당연하게 생각하는 '산소를 이용해 호흡하는 것'은, 처음엔 그저 우연에 지나지 않았던 사건의 결과입니다. 하나의 생물이 다른 생물을 잡아먹은 일을 통해서요. 아니 그보다는, 불가피한 상황이긴 했지만 이 둘이 이뤄 낸 *끈끈한* 협력을 통해서 얻게 된 능력이라고 보는 편이 더 타당합니다.

광합성의 비밀

놀랍게도 이런 일이 한 번만 일어난 게 아닙니다. 아까 잠깐 등장했던 조그만 세균 '시아노박테리아', 기억나나요? 네 맞아요! 물에서 수소만을 쏙쏙 빼먹어서 산소 대재앙을 일으켰던 세균이었죠. 이번 '공생'의 주인공은 바로 이들입니다. 사실 이들이 수소만 골라 먹었던 이유는 딱히 수소가 맛있어서가 아니라, 수소(H)를 이산화탄소(CO_2)와 결합시켜서 당분($C_6H_{12}O_6$)을 만들기 위함이었습니다. 이 당분을 연료로 사용해서 움직이고 숨 쉬고 돌아다닐 힘을 얻었던 것이죠.

그런데 수소가 이산화탄소를 만난다고 그냥 결합되는 건 아니었어요. 이 둘을 결합시켜 줄 또 다른 에너지가 필요했죠. 시아노박테리아는 '빛'을 이용합니다. 즉 빛을 받아서 이산화탄소와 물을 결합시켜 당분과 에너지를 만들고, 그 부산물로 산소(O)를 뱉어 냈던 것입니다. 어디서 많이 들어 본 이야기 같지 않나요? 맞아요, 이 과정이 바로 모든 식물이 할 줄 알지만 우리는 할 줄 모르는 '광합성'입니다. 알고 보니 시아노박테리아는 '광합성을 하는 세균'이었네요.

이 세균이 광합성을 하며 이리저리 돌아다니던 어느 날, 아까 우리의 선조로 지목되었던 '프로테오박테리아를 잡아먹은 생물'의 후손 중 하나와 마주치게 됩니다. 그러자 이 생물이 산소 대재앙에 대한 조상의 빚을 갚겠다고 그랬는지, 아니면 단지 배가 고파서였는지는 모르겠지만, 이번에는 시아노박테리아를 꿀꺽 잡아먹습니다. 하지만 이번에도 만만치 않은 녀석을 잡아먹었음을 깨닫게 되는데요, 또 소화가 되지 않는 겁니다. 이제 이 생물도 조상의 뒤를 이어 배 속에 있는 시아노박테리아와 공생 관계를 맺고 함께 살아가는 법을 터득하게 됩니다.

하지만 시아노박테리아는 우리의 선조가 아니에요. 혹시 광합성을 할 줄 아는 사람 있나요? 시아노박테리아를 잡아먹음으로써 새롭게 생겨난 이 생물은 진화해 식물들을 이룹니다. 시아노박테리아는 바로 광합성을 하는 기관인 엽록체가 되는 것이죠. 여기서부터 식물과 동물이 나뉘어 서로 다른 진화의 길을 걷게 됩니다. 그리고 이러한 사실 때문에, 안타깝게도 우리는 물을 먹고 누워서 햇빛을 쪼인다고 해서 배가 부르진 않고, 탄수화물, 단백질, 지방, 즉 음식이라는 연료를 얻기 위해, 귀찮지만 재료도 사오고 요리도 하는 등 다양한 일을 해야만 하는 거죠.

마굴리스는 단지 미토콘드리아와 엽록체라는 두 기관뿐 아니

라, 우리 몸을 이루고 있는 무수히 많은 다양한 부분들 또한 이와
같이 전혀 다른 생물들이 우연히 만나 생겨났을 것이라고 이야기
합니다. 즉 가끔씩 발생하는 돌연변이들 간의 경쟁에 의한 진화
말고, 이 '공생'도 알고 보면 진화의 역사에서 일반적으로 발생했
던 또 다른 방법이라는 거죠. 마굴리스는 이러한 현상을 '공생 진
화' 혹은 '공생 발생'이라고 부릅니다.

> 공생 발생은 러시아의 혁신적 생물학자인 콘스탄틴 메레슈코프스
> 키(Konstantin S. Merezhkousky)가 주창한 용어로, 공생 융합을 통해
> 새로운 기관이나 생물이 형성되는 것을 가리킨다. (…) 그것은 진화
> 의 토대를 이루는 기본 사실이다. 우리 눈에 보일 만큼 큰 생물들
> 은 모두 한때 독립생활을 했던 미생물들이 모여 더 큰 전체를 이룬
> 것이다.

그럼 아까 살펴보았던 과학자들을 당황시켰던 발견, 미토콘드
리아의 DNA에 관한 이야기로 다시 돌아가 봅시다. 이제 여러분
도 눈치챘나요? 미토콘드리아에 들어 있는 DNA가 세포핵에 있
는 DNA 구조와 달랐던 이유를 말이에요. 그 답은 바로 미토콘드
리아가 프로테오박테리아로부터 진화한 것이며, 따라서 미토콘
드리아의 DNA는 세포핵을 이루는 혐기성 생물의 것이 아니라
프로테오박테리아라는 세균의 것이었기 때문입니다. 실제로 미

토콘드리아의 DNA와 지금 살고 있는 세균들의 DNA를 비교해 보면 그 모양이 매우 흡사하다고 해요. 이는 엽록체의 경우도 마찬가지입니다. 엽록체에 들어 있는 DNA 또한 시아노박테리아의 DNA인 것이죠. 이처럼 '공생 진화' 이론을 이용하면 세포 소기관들의 DNA에 대한 명쾌한 설명이 가능합니다.

정말로 '이기적' 생물들 간의
'경쟁'만이 진화의 원동력일까?

새로운 종을 만드는 협력

이런 놀라운 사실로 우리는 무엇을 알 수 있을까요? 물론 이들의
관계를 '경쟁'이라고 부를 수도 있을 것입니다. 어찌 되었든 혐기
성 생물이 살아남기 위해 이 세균들을 잡아먹은 건 사실이니까
요. 하지만 만약 혐기성 생물과 세균이 끝까지 경쟁하고 적대했
다면 어떻게 되었을까요? 최악의 경우, 한 치의 양보도 없는 끝없
는 싸움에 지쳐 둘 다 힘이 빠져 죽어 버렸을지도 모릅니다. 그럼
만약 혐기성 생물이 이겼다면, 혐기성 생물은 아무 일 없었다는
듯이 다시 이것저것 잡아먹으면서 돌아다니게 되었을까요? 아마
프로테오박테리아의 도움이 없었다면 혐기성 생물은 산소 대재
앙이라는 재난을 극복하지 못하고 계속 힘겹게 살아가야만 했을
거예요.

프로테오박테리아와 혐기성 생물 공생체, 또는 이 생물과 시아
노박테리아의 공생체라는 새로운 생물들이 탄생할 수 있었던 것

은, 그리고 새로운 능력을 만들어 냄으로써 환경에 맞춰 더 잘 살아갈 수 있었던 것은, 이들의 적절한 협력이 이루어졌기에 가능했던 일입니다.

잠깐, 여기서 분명 저에게 의심의 눈초리를 보내고 있는 사람들이 있을 거예요. "아니 아무리 둘이 만나서 끈끈한 관계가 되었다고 해도, 헤어졌다고 설마 진짜 죽기야 하겠어? 금방 적응해서 또 잘 살지 않을까?"라고요. 하지만 놀랍게도 우리가 관찰할 수 있는 현실에서도 이런 일이 일어났습니다. 마굴리스의 또 다른 책, 『생명이란 무엇인가?』에 등장하는 전광우 박사님의 실험이 바로 그 증거입니다.

테네시 대학의 동물학과 교수였던 박사님은 오랜 기간 동안 세계 각지의 다양한 아메바를 직접 모으고 배양하여 실험을 해 왔습니다. 그러던 어느 날, 실험실 안의 아메바들 사이에 무시무시한 질병이 퍼지기 시작합니다. 건강하던 아메바들이 밥도 잘 안 먹고 분열도 잘 안 하고 이상한 구슬 모양으로 변하기 시작하는 거예요. 당황한 박사님이 백방으로 알아본 결과, 가장 최근에 데려온 아메바들에게 있던 박테리아 때문에 병이 생겼음을 알게 됩니다. 이 박테리아가 실험실 안의 모든 아메바들에게 전염되었던 것이죠. 박사님은 시름시름 앓는 아메바들을 치료하기 위해서 아메바에겐 무해하지만 박테리아에게는 치명적인 항생제를 투여했어요. 그랬더니 의도와는 다르게 아메바까지 같이 죽어 버렸습니다. 박테리아가 없는 건강한 아메바였다면 아무런 문제가 없었을 텐데 말이죠.

　항생제 투여를 통한 치료는 실패했지만, 박사님은 약 5년에 걸쳐서 건강한 아메바들을 골라내어 배양하는 방식으로 연구를 계속해 나갔습니다. 그러다 보니 병에 걸린 아메바들도 점차 이전의 건강 상태를 되찾았습니다. 밥도 잘 먹고, 분열도 잘하면서 말이죠. 하지만 그렇다고 해서 아메바들 몸속에서 박테리아가 사라진 건 아니었어요. 전보다 조금 적어지기는 했지만, 아직 많은 수의 박테리아가 아메바들의 몸속에서 함께 살아가고 있었습니다. 공격적이었던 성질머리도 좀 죽여 가면서 말이죠. 이로써 아메바ー박테리아의 공생체는 더 이상 연약하지 않은, 건강한 새로운 생물이 되었습니다.

　하지만 의사가 아니라 과학자였던 박사님의 호기심은 여기서 멈추지 않았습니다. 이 둘의 오묘한 관계를 더 파헤쳐 보고 싶었던 박사님은 이 새로운 아메바ー박테리아의 공생체에서 핵만 쏙 빼내서 미리 핵을 제거해 두었던 건강한 아메바에게 옮겨 놓았어요. 즉 그동안 고생했던 아메바에게 박테리아가 없는 '건강한' 세포를 마련해 준 것이죠. 그랬더니 당황스럽게도 모두 4일을 채 넘기지 못하고 픽픽 죽어 버렸습니다. 박사님은 이 사태를 해결하기 위해, 반신반의하며 그들에게 꾸준히 박테리아를 주사해 주기 시작했는데요, 놀랍게도 이 주사를 맞고 새로운 아메바들은 건강

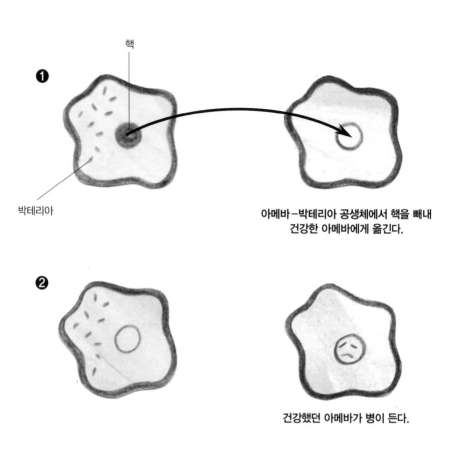

①

핵

박테리아

아메바-박테리아 공생체에서 핵을 빼내
건강한 아메바에게 옮긴다.

②

건강했던 아메바가 병이 든다.

③

주사기로 박테리아를 넣어 주자 건강해진다.

을 회복합니다. 박테리아는 아메바들에게 옛날엔 병이었지만 이제는 약이 되어 버린 거죠. 아니 그 이상으로, 아메바의 일부가 되었다고도 할 수 있을 것 같습니다. 전혀 다른 두 생물이 만나, 하나의 새로운 생물로 탄생한 것이죠.

'공생 진화'라는 사건은 단 한 번만 일어난 것이 아니었어요. 또 방금 본 것처럼 10년이라는 짧은 시간 안에 생겨나기도 합니다. 게다가 앞서 보았던 프로테오박테리아와 혐기성 생물의 만남은 '산소를 이용해 에너지를 만드는 진핵생물'이라는 큰 갈래를 형성했던, 진화의 역사상 가장 중요한 사건 중 하나였습니다. 뒤이어 벌어진 시아노박테리아와 이 새로운 생물의 만남 또한 동물과 식물이라는 큰 갈래를 형성하는 중요한 사건이었죠.

그렇다면 과연 진화의 과정에 있어서 '협력'을, 가끔 우연히 발생하는 부수적인 사건이라거나 예외적인 사건, 혹은 두 생물 간의 일시적인 만남에 불과하다고 이야기할 수 있을까요? 드물게 발생하기는 하지만 그때마다 이처럼 큰 변화를 만들어 낸다면, 그리고 더 이상 떨어져서는 살 수 없는 완벽히 새로운 종의 생명체를 만들어 낸다면, '공생'이라는 협력의 사건이 진화의 핵심적인 원동력이 아니라고 이야기할 수는 없을 것입니다. 이처럼 '공생 진화'는 '이기적 생물들 간의 경쟁'이라는 그림으로만 모든 진화를 설명하려고 했던 기존의 진화론에 새로운 그림을 제시해 줍니다.

다시 그리는 생명의 '덩굴'

마굴리스는 생명의 진화란 다양한 종들이 얽히고설키며 자라 나가는 '덩굴' 모양이라고 이야기합니다. 이는 다른 생물학자들이 생물의 진화를 설명할 때 하나의 뿌리로부터 뻗어 나가는 '나무'로 표현했던 것을 비판하는 말이죠. (아마 이 그림은 1장에서 잠깐 본 적이 있을 거예요.) '나무' 모양으로 표현하면, 진화의 나무에서 좀 더 위쪽에 위치할수록 더 '고등한' 생물임을, 즉 더 많이 진화되어 더욱 뛰어난 존재라는 메시지를 암시적으로나마 보여 줍니다. 즉 원생생물보다 뛰어난 원숭이, 원숭이보다 뛰어난 인간 등등. 인간이 진화의 정점에 위치해 있다는 널리 퍼진 생각도 바로 이런 틀 속에서 나온 것이죠.

하지만 마굴리스가 생각하기에 생물의 진화는, 하나의 조상에서부터 아래에서 위로 가지를 뻗으며 자라 나아가는 '나무' 모양이 아닙니다. 때로는 전혀 다른 조상을 갖는, 즉, 각자 다른 나무에서 자란 박테리아와 혐기성 생물이 만나서 새로운 나무를 만들기도 하니까요. 따라서 생명의 진화를 하나의 꼿꼿한 '나무'가 아니라, 가지끼리 만나서 새로운 줄기를 만들어 나가는 '덩굴'이라고 표현하는 것이죠. 언제든 다른 뿌리로부터 뻗어져 나온 생물들이 만나 새로운 줄기가 생길 수 있고, 그에 따라 계속해서 바뀌어 나가는 덩굴의 모습. 여기서는 우리가 예상치 못한 이들이 갑자기 만나 새로운 종을 형성할 수 있기 때문에 그 누가 더 뛰어나

다거나 더 진화했다고 이야기할 수는 없을 것 같습니다.

사실 이러한 마굴리스의 이론은 꽤 오랜 시간 동안 생물학자들 사이에서 인정받지 못했습니다. 이 이론을 논문으로 내고자 했으나 출판사로부터 15번이나 거절당했고, 다른 과학자들로부터 많은 비난과 논쟁을 불러일으켰습니다. 하지만 마굴리스는 이에 굴하지 않고 수년간 꾸준한 실험을 통해 끊임없이 새로운 연구 성과들을 만들어 낸 결과, 지금은 생물학 교과서에 실릴 만큼 인정받는 이론으로 자리 잡았습니다.

마굴리스는 자신의 이론이 이렇게 오랜 시간 동안 받아들여지지 않은 중요한 이유로 사람들이 가지고 있는 선입견을 꼽습니다. 물론 사람들은 누구나 선입견들을 가지고 있죠. 하지만 이 선입견이 너무 딱딱하게 굳어 버린다면, 신기하고 새로운 현상을 보아도 자신이 원래 가지고 있던 틀에 맞춰서 생각합니다. 우리 몸 안에서 프로테오박테리아의 DNA와 비슷한 것이 발견된다고 해도, 기존에 갖고 있던 '이기적'인 생물, '경쟁'하는 생물이라는 틀에서 생각한다면, 백날 고민해도 "잡아먹힌 프로테오박테리아가, 자신을 잡아먹은 생물과 함께 살아간다."라는 놀라운 사실을 찾아내지 못했겠죠. 마굴리스는 사람들이 선입견에 갇혀 있다면 자연의 진짜 모습을 볼 수 없게 된다고 이야기합니다.

그리고 이러한 선입견을 깨트릴 방법 중 하나로 '분류 체계'를 바꿀 것을 제안합니다. 당시 생물학계에서는 칼 폰 린네라는 식물학자가 만든 나무 모양 분류 체계에 기반한 것들을 널리 사용하고 있었습니다. 아마 과학 시간에 들어 본 적이 있을 텐데요, '종-속-과-목-강-문-계'라고 달달 외우던 게 바로 린네의 분류 체계입니다. 이 분류 체계에서는 지구상의 모든 생물을 가장 크게는 동물계와 식물계로 나눕니다. 하지만 마굴리스는 이러한 분류 체계가 자연을 제대로 이해하게 하기는커녕, 오히려 생물과 진화에 대한 사고를 잘못된 방식으로 굳어 버리게 만든다고 말합니다.

> 분류 체계는 선입견에 들어맞는 개념 상자들을 제공함으로써 자연의 다양한 조직화 양상을 제대로 보지 못하게 한다. 분류 체계는 자연을 연구한 결과를 반영해야 한다. (…) 우리는 생물을 3가지나 5가지, 혹은 100만 가지로 분류할 수 있지만, 생물은 그 틀에 얽매이지 않을 것이다.

예를 들어, 동물계 혹은 식물계라는 분류 기준을 가지고는 우리의 조상격인 미생물을 어떻게 구분해야 할지 도통 알 수 없습니다. 동물학자들은 미생물이 동물이라고 주장하고, 식물학자들은 식물이라고 주장합니다. 즉 미생물만의 특성을 드러내 줄 기준이 없는 것이죠. 앞서 우리가 살펴본 공생 진화의 설명만 보더라도, 프로테오박테리아나 시아노박테리아라는 미생물은 동물과 식물이라는 구분이 생기기도 전에 이미 열심히 살아가고 있던 생물인데도 말이죠. 미생물뿐만 아니라 곰팡이나 버섯도 기존의 틀을 가지고는 어떻게 분류해야 할지, 세균학자들과 곰팡이 전문가들 사이에 오랜 논쟁을 불러일으키게 됩니다. 즉 지구상에는 "동물 아니면 식물"이라는 기존의 구분으로는 담아낼 수 없는 대상들이 너무 많다는 것이죠.

그래서 마굴리스는 좀 더 많은 생물들을 설명해 낼 수 있는 기준과, 생물이 진화해 온 과정을 세심히 반영하고 있는 새로운 분류 체계를 제안합니다. 하지만 재미있게도, 마굴리스는 자신이 만든 이 분류 체계 또한 수정될 수 있다고, 아니 오히려 계속해서 수정해 나가야 한다고 이야기합니다. 새로운 생물들은 계속해서 발견될 것이고, 산소 호흡 하는 진핵생물의 공생 진화가 발견되었듯이 우리가 전혀 몰랐던 새로운 진화적 사건들이 발견될지도 모르니까요.

만약 우리가 마굴리스 만든 분류 체계가 수정될 수 없는 진실이라 믿는다면, 이 틀에서 벗어나는 새로운 사실들이 발견될 때에도 전혀 눈치채지 못할 수도 있습니다. 그리고 새로운 주장을 하는 사람들에게, "넌 틀렸어!", "말도 안 돼!"라고 말하며 무시할지도 모릅니다. 그렇다면 이 새로운 분류 체계 역시, 마굴리스가 그렇게 싫어했던 딱딱한 선입견이 되어 버리고 말겠죠.

이처럼 마굴리스의 생명의 '덩굴'이라는 표현은 전혀 다른 생물들이 만나 공생한다는 단순한 진화적 사실을 알려 줄 뿐 아니라, 누가 더 고등하고 누가 더 열등한가 라는 동물들 간의 위계를 지워 버리는 효과를 가지고 있습니다. 또한 우리의 예상을 벗어나는 자연의 놀라운 현상들이 발견되었을 때, 기존의 틀에 끼워 맞추지 않고 제대로 관찰하고 느끼기 위해서는, 그에 대한 우리의 생각도 얽히고설키며 뻗어 나가는 덩굴처럼 항상 변화할 가능성을 잊지 말아야 한다는 의미도 담겨 있는 것이 아닐까요?

새로운 덩굴, 새로운 줄기들

협력하며 살아가고 있는 생물들

공생 진화가 아주 먼 옛날에만 일어났던 일이라고 생각한다면 큰 오산입니다. 언제고 이 덩굴의 줄기들은 만나고 헤어지며 새로운 모양으로 바뀌어 갈 거예요. 그렇다면 오늘날 이 덩굴은 어떻게 얽혀 있고, 또 어떻게 자라 나가게 될까요? 지금까지 보았던 '공생 진화'의 예들이 매우 우연적인 사건이었듯이, 이를 정확히 예측하는 것은 불가능합니다. 하지만 지금 어떤 공생 관계들이 만들어져 있는지를 살펴보면, 이들이 나중에 어떤 줄기를 만들어 낼지 상상 정도는 해 볼 수 있지 않을까요? 자, 그럼 누가 누구랑 그렇고 그런 사이인지 한번 살펴봅시다. 아마 이들은 여러분의 생각보다 가까이 있고, 게다가 굉장히 많을 거예요.

먼저 비교적 좀 멀리 있는 오스트레일리아의 흰개미부터 살펴볼까요? 이들의 공생 상대는 흰개미의 내장 속에 살고 있습니다. 바로 '믹소트리카'라는 원생생물입니다. 흰개미들은 매일같이 나무를 먹지만, 놀랍게도 나무 세포막의 주성분인 셀룰로오스를 소화시킬 능력이 없다고 해요. 그런데 마침 믹스트리카가 그 능력을 갖고 있었던 거죠. 따라서 흰개미는 열심히 돌아다니면서 나무를 먹고 믹스트리카는 흰개미의 내장 안에서 열심히 나무를 소화시키면서 살아갑니다. 흰개미 몸속에는 믹스트리카뿐 아니라 다양한 공생 미생물이 있다고 하니, 왠지 부럽기도 하네요. 하지만 미생물을 갖고 있던 다른 흰개미의 배설물을 섭취함으로써 미생물을 얻는다고 하니 왠지 덜 부럽기도 하고요.

그다음 예는 좀 더 우리와 가까이 있는 친구, 식물 뿌리에 붙어 사는 '균근곰팡이'입니다. 잘 알려져 있다시피 생물의 역사는 바다에서 시작되었습니다. 지금과 같은 육지 생물들은 약 5억 년 전 바다에서 진화한 생물들이 뭍으로 올라오면서 생겨나게 되죠. 현재 꽤 많은 과학자들이 식물의 조상을 녹조류로 지목하고 있습니다. 예를 들면 파래와 해캄 같은 생물들이 녹조류에 속하죠. 하지만 그 과정이 호락호락하지는 않았는데요, 이는 무엇보다도 강하게 내리쬐는 햇빛, 수분과 양분이 부족한 땅이라는 육지 환경 때문이었습니다.

그렇다면 이들은 이 메마른 땅에서 어떻게 살아남게 되었을까요? 특히나 한자리에 붙어 가만히 살아가야 하는 녹조류의 경우에는 어떻게 이를 극복해 냈을까요? 그것은 바로 식물의 뿌리에 붙어서 살아가는 곰팡이 덕분이었습니다. 이 둘이 함께 붙어살면

서 식물은 광합성을 통해 만들어 낸 수액을 곰팡이의 먹이로 제공하고, 곰팡이는 그걸 먹고 열심히 땅으로부터 인과 질소, 광물질 양분을 얻어 와 식물에게 살기 좋은 환경을 만들어 주었습니다. 즉 5억 년 전 땅으로 올라온 것은 어느 날 갑자기 크기가 커져 버린 녹조류가 아니라 식물-곰팡이 공생체였던 것이죠. 이 둘은 아직도 끈끈히 붙어서 살아가고 있답니다. 게다가 이런 곰팡이의 종류는 현재 알려진 것만 해도 5천 종이 넘는다고 하네요!

> 생물권이 바다와 민물 밖으로 뻗어 나가 육지에서 수직으로 크게 확대될 수 있었던 것은 식물과 곰팡이가 긴밀한 관계를 이룬 덕분이며, 지금도 마찬가지다. (…) 공생 발생은 바다로부터 메마른 땅으로, 이어서 하늘로 생명의 조수를 끌어당긴 달이었다.

좀 더 넓게 보자면 우리가 잘 알고 있는 것들, 예를 들면 한쪽이 먹이를 제공하고 한쪽은 생식을 시켜 주는 꽃과 꿀벌들의 관계도 공생이라고 이야기할 수 있습니다. 실제로 꿀벌이나 나비가 없으면, 이런 방식으로 생식을 해 왔던 꽃들은 더 이상 후손을 만들어 낼 수 없거나 다른 방법을 찾게 되겠죠. 바닷속에서 공생하고 있는 이들의 예로는 집게에 붙어 다니는 말미잘이 있습니다. 말미잘은 집게 등 위에 붙어 다니면서 먹이를 편하게 먹고, 집게는 말미잘 촉수에 달려 있는 독이 나오는 자세포를 통해 적으로부터 보호를 받습니다. 이 같은 일들은 생물의 몸속이나 세포의 차원에서 벌어지는 일이 아니라서 하나의 생물이 되기는 어렵지만, 공생 관계는 이처럼 다양하게 정의될 수도 있습니다.

지구라는 거대한 공생체

이와 같이 우리가 살고 있는 지구는 협력하는 생물체들로 가득차 있습니다. 영국의 과학자 제임스 러브록은 지구의 이런 모습에 '가이아'라는 이름을 붙였어요. 원래 '가이아'(Gaia)는 그리스 신화에 등장하는 여신의 이름인데요, 태초의 신 중 하나로 '대지의 여신'이라는 별명으로 더 잘 알려져 있죠. 하지만 러브록이 가이아라는 이름을 만든 것은 지구가 사실은 하나의 생물이라는 이야기를 하고 싶어서가 아니었습니다. 지구를 인격화해서 "대지는 우리의 어머니다.", "어머니 대지를 지켜라!"와 같은 이야기를 하고 싶어서가 아니었다는 것이죠. 러브록은 오히려 이런 이야기는 굉장히 건방진 소리라고 생각했어요. 그가 보기에 지구는 우리보다 훨씬 오래되고 훨씬 놀라운 존재이기에, 인간이 환경을 파괴한다면 인간만 멸망할 뿐이지 지구는 지킬 수도, 멸망시킬 수도 없다고 보았던 것이죠.

가이아라는 이름은 지구의 표면을 하나의 '생리학적 계'라고 부를 수 있음을 뜻합니다. 말이 조금 어렵죠? 지구를, 다양한 생리 과정들을 통해 유지되는 하나의 몸이라고 생각하면 돼요. 자, 한번 각자의 몸을 떠올려 볼까요? 우리 몸에는 눈, 코, 귀와 같이 바깥 정보를 받아들이는 감각기관이 있습니다. 우리 몸 안의 정보를 담당하는 감각계들도 있죠. 우리의 근육에 붙어 있는 신경들이 바로 그러한 기관인데요, 이 기관은 몸 안의 자극으로부터 생기는 운동과 방향을 감지합니다. 이를 '고유감각'이라고 불러요. 예를 들어 우리가 지금 물구나무를 섰는지 아니면 똑바로 서 있는지, 옆 사람을 째려보고 있는지 턱을 괴고 있는지 등을 우리 자신에게 알려 주는 것이 바로 이들의 역할입니다. 그리고 고유감각이 주는 정보를 통해서 우리 몸의 기관들이 각자 어떤 행동을 취해야 할지가 결정되죠.

지구라는 행성을 하나의 몸이라고 본다면, 지구가 고유감각적 의사소통을 하고 있다는 사실을 강조하는 것이 '가이아'라는 표현에 담긴 의미입니다. 마굴리스 또한 이러한 러브록의 이론을 강력하게 지지합니다.

지구가 고유감각적 의사소통을 한다는 말을 좀 더 구체적으로 설명해 볼게요. 이를 위해선 먼저 우리가 숨 쉬고 있는 공기부터 살펴보아야 해요. 우리는 전혀 눈치채지 못하고 있지만, 화학적으로 보자면 지구의 대기는 굉장히 '불안정한' 상태입니다. 대기는 질소, 산소, 아르곤, 이산화탄소, 메탄, 오존 등 매우 다양한 구성 성분으로 이루어져 있습니다. 그런데 이 중 산소와 메탄은 공존한다는 사실이 매우 이상한 성분들이에요. 왜냐하면 이 둘은 화학반응을 일으킬 확률이 매우 크기 때문이죠. 보통 산소(O_2)와 메탄(CH_4)이 만나면 반응하게 되고, 그 결과로 탄산가스(CO_2)와 물(H_2O)이 만들어집니다. 하지만 이상하게도 대기 중에서는 그 둘이 반응을 일으키지 않은 상태로 공존하고 있다는 것이죠. 그 것도 언제나 비슷한 비율을 유지하면서요.

그런데 사실 산소와 메탄이 반응을 일으키지 않는 것이 아니라, 둘이 반응하는 속도보다 빠르게, 그 반응을 상쇄할 만큼의 양과 속도로 새로운 메탄이 대기로 배출되고 있는 것이었습니다. 이 점에 대해서는 화학으로는 대답할 수 없었기 때문에, 러브록은 생물계로 눈길을 돌립니다.

러브록이 수집한, 자연에서 메탄이 생성되는 몇 가지 사례들은 대부분 미생물의 작용에 의한 것이었습니다. 그중 재미있는 예로는 소의 트림이 있습니다. 소의 소화기관에는 풀의 셀룰로오스를 소화시키는 역할을 하는 미생물들이 살고 있는데 이 미생물들이 소와 협력하여 풀을 소화시킬 때마다 메탄이 발생합니다. 그래서 소가 입을 벌려 트림을 꺼억 할 때마다 대량의 메탄이 대기 중으로 배출되는 것이죠. 이렇게 자연에서 메탄이 생성됨으로써 대기 중의 메탄 비율은 계속해서 비슷한 수준을 유지할 수 있습니다. 이와 같은 특성을 '항상성'이라고 불러요. 그리고 메탄가스를 배출하는 소의 예처럼, 항상성을 유지시키는 메커니즘은 화학적이거나 물리학적인 것뿐 아니라 생물학적인 측면에서도 고려되어야 합니다.

지구가 고유감각적 의사소통을 한다는 것은 다음과 같이 이해해 볼 수 있습니다. 만약 지구상에 살고 있는 소가 갑작스레 늘어나서 대기 중의 메탄 비율이 치솟는다면, 또 다른 작용에 의해 산소의 배출량도 늘어나 이 일정 수준의 비율을 유지할 거예요. 하지만 만약 소가 기하급수적으로 많이 늘어나서 일방적으로 대기의 조성을 바꿔 버린다면, 그 비율은 더 이상 유지되지 못하고 다른 변화가 일어나겠죠. 과정을 일일이 설명할 수는 없지만 분명이 사태는 돌고 돌아 소의 생존 조건을 이루는 풀, 산소, 물 등에까지 악영향을 미쳐 소가 멸종되는 효과를 가져올지도 모릅니다. 그렇다고 모든 생물이 멸종하는 것은 아니에요. 메탄을 에너지원으로 사용하는 또 다른 생물은 번성하게 되겠죠.

이와 같이 대기의 구성비, 표면 온도, 바다의 염도를 일정 수준으로 유지하는 자세한 메커니즘들은 밝혀지지 않은 것들이 더 많아요. 분명한 것은 지구 안에서 조절 작용이 꾸준히 일어나고 있다는 사실입니다. 하지만 이것이 지구가 의식을 가지고 행동한다는 뜻은 아니에요. 고유감각이란 동물의 뇌가 진화하기 아주 오래전부터 있어 왔으며, 곰팡이, 원생생물, 세균들 또한 이를 가지고 있음을 안다면, 지구의 조절 작용은 그 다양한 구성원들 각각의 고유한 인식, 반응 간 상호작용이 일어나는 거대한 생물의 망 그 자체가 만들어 내는 것이라고 볼 수 있습니다. 서로가 서로의 생존 조건이 되고 또 변화하여 새로운 환경이 되면서 말이죠. 이렇게 본다면 '가이아'라 불리는 이 지구는 하나의 거대한 공생체라고 이야기할 수 있지 않을까요?

우리는 누구와 만나서 '나'가 될까

자, 그럼 이제 범위를 좁혀 다시 여러분과 제가 속해 있는 인간에게로 돌아와 봅시다. 이러한 공생 관계를 생각할 때 우리 인간들도 예외는 아닙니다. 인간이라는 생물이 탄생하는 진화의 출발 지점에 놓인 것도 프로테오박테리아와 원생생물의 공생체였으니까요. 그럼 이번에는 옛날 옛적이 아니라, 지금 이 순간 누가 우리와 공생 관계를 맺고 있는지를 살펴봅시다. 아까 흰개미를 보면서 부러워했던 사람들은 특히 주목해 주세요. 우리와 매일같이 붙어 다니는 가장 대표적인 생물은 바로 세균입니다. 이들은 굳이 화장실까지 찾아가지 않아도 책상, 의자, 키보드, 볼펜, 특히나 여러분의 소중한 휴대폰에 잔뜩 붙어살고 있죠. 심지어 우리의 몸속에도 살고 있습니다. 우리가 '병균'이라고 부르는, 질병을 일으키는 존재로서 말이죠. 그래서 사람들은 보통 세균을 박멸해야 할 것, 의학을 통해 정복해야 할 것으로 여깁니다.

하지만 사실 우리 몸에 있는 세균 모두가 병을 일으키는 것은 아니에요. 피부, 구강, 대장 등에 사는 세균들은 우리가 태어날 때부터 함께 살아갑니다. 게다가 이 세균의 양은 2kg 정도나 된다고 해요. 또한 '몸에 좋은 음식'의 대표 격인 김치, 요구르트, 치즈와 같은 발효 식품도 실은 세균들을 이용해 만드는 것이죠. 이처럼 세균은 몸에 무해하거나, 오히려 건강에 좋은 존재이기도 합니다. 따라서 우리 몸에서 세균을 무조건 없애 버리려는 시도가 오히려 나쁜 효과를 만들어 낸다는 의견도 있습니다. 최근에 많은 사람이 앓고 있는 알레르기성 비염이나 아토피 같은 질병들은 나쁜 세균 때문에 생기는 것이 아니라 오히려 평소에 세균이 너무 없는 환경에서 자라, 세균과 함께 살아가는 능력이라고 할 수 있는 '면역력'이 약해져서 생긴다는 주장이 그런 예이죠. 마굴리스 또한 다음과 같이 이야기합니다.

> 우리는 세균을 '현대 의학의 무기로 정복할 날을 기다리고 있다.'는 식의 말을 자주 듣는다. 그들을 군사적이고 적대적인 용어 위주로 묘사하는 것은 터무니없는 일이다. 대다수 세균들은 공기보다 더 해롭지 않으며, 공기와 마찬가지로 우리 몸과 우리 환경에서 제거할 수도 없다.

이는 프로테오박테리아도 하나의 세균이었다는 점을 떠올려 본다면 그다지 이상한 이야기도 아닐 것입니다. 만약 우리 몸에서 미토콘드리아가 사라져 버린다면 전 인류는 지금 당장 멸종해 버리겠죠. 산소를 이용해 호흡하고 에너지를 만들 수 있는 능력을 잃어버리게 될 테니까요. 현재 우리 몸에 살고 있는 세균과는 아직 이 정도로 끈끈하지는 않지만, 지금까지 벌어졌던 일들을 생각해 본다면 앞으로도 그렇게 되지 않으리라는 보장은 없을 것 같습니다. 이처럼 우리는 일상적으로 공생 관계에 놓여 있고, 알게 모르게 협력을 하면서 살아가고 있습니다.

우리의 생각과는 달리, 생물들 간의 협력이란 불가능한 일이 아닙니다. 뿐만 아니라 협력을 통해서 변화를 만들어 내는 것 또한 충분히 가능한 일입니다. 생물은 경쟁뿐 아니라 협력을 통해서도 기나긴 진화의 역사를 써 왔습니다. 뿐만 아니라 어떤 측면에서는 이 지구 전체를 하나의 공생체로 바라보는 것도 가능하죠. 이제 누군가가 여러분에게 경쟁을 강요하며 "힘든 건 알지만, 그래도 인간이란 원래 경쟁을 통해 발전하는 존재니까 어쩔 수 없어."라고 한다면 반박할 수 있는 든든한 근거가 생긴 것 같습니다. 협력이라는 것은 그저 낭만적이기만 한 것이 아니라 꽤 오랫동안, 꽤 많은 변화들을 만들어 온 중요한 또 하나의 방법이라는 이야기로요.

그리고 이처럼 서로 경쟁하는 것뿐만이 아니라 협력하는 것 또한 생물에게 자연스러운 행동이라는 관점에서 타인들을 바라보게 된다면, 그동안 보지 못한 많은 것들을 볼 수 있을 것입니다. 좁게는 여러분 옆의 친구와의 관계에서부터 넓게는 우리 사회의 모습 속에서까지 말이죠. 또한 협력이란 '혈연도 없고 앞으로 만날 가능성도 없는 이들', 나아가 우리와는 전혀 다르다고 생각했던 사람이나 생물들과도 일어날 수 있다는 점을 떠올려 봅시다. 이를 통해 그동안 나와 구별 짓고 멀리하기만 했던 이들과 만들어 내게 될 다양하고 새로운 관계 또한 상상해 볼 수 있게 될 것 같습니다.

바로 이것이 린 마굴리스라는 한 생물학자가 평생을 바쳐 치열

하게 연구했던 '공생 진화론'이라는 과학 이론을 통해 우리가 꿈
꿔 볼 수 있는 새로운 가능성들이 아닐까요?

● 더 읽을거리와 볼거리

1 협력은 왜 유전자의 이기심에 불과한가? / 2 혈연을 넘어선 협력은 가능한가?

● 장대익 지음, 『다윈의 식탁』, 바다출판사, 2015

진화론에 존재하는 다양한 논쟁을 둘러싸고, 대표적인 진화론자들이 벌이는 가상 토론으로 이루어진 책입니다. 명료하고 분명하게 진화론의 핵심 논쟁을 알려 주며, 스티븐 제이 굴드와 리처드 도킨스를 비롯한 유명한 진화생물학자들의 이론에 대해서 배울 수 있는 입문서이기도 합니다. 진화론 전체의 구도에 대해서 알고 싶은 사람은 꼭 읽어 보면 좋겠습니다.

● 캐빈 랠런드 · 길리언 브라운 지음, 양병찬 옮김, 『센스 앤 넌센스』, 동아시아, 2014

진화론의 아이디어를 인간 사회에 적용하려는 여러 시도들을 소개한 책입니다. 진화론으로 인간의 행동과 심성을 설명하려는 시도들은 다양하게 존재해 왔는데요, 사회생물학, 인간행동생태학, 진화심리학, 문화진화론, 유전자-문화 공진화론 등이 대표적인 이론입니다. 진화론이 인간 사회를 설명하는 데 어떤 강점을 가질 수 있는지, 그리고 그런 적용 과정에서 어떤 문제와 논쟁이 있었는지 자세히 서술하니, 관심 있는 사람들은 꼭 읽어 보길!

● 최정규 지음, 『이타적 인간의 출현』, 뿌리와이파리, 2009

이 책의 주제와 가장 밀접히 닿아 있는 책입니다. 인간 사회에서 협력이 진화하는 다양한 이론들을 소개하는 한편, 그것이 경제 · 사회 · 정치적으로 갖는 의미를 서술하고 있습니다. 다양한 실험과 연구 결과들을 소개하고 있으니, 인간들 사이의 협력에 대해 더 공부하고 싶은 사람들은 꼭 읽어 보면 좋겠습니다.

3 다른 이를 위한 행동과 마음은 가능할까?

● 마틴 노왁 · 로저 하이필드 지음, 허준석 옮김, 「초협력자」, 사이언스북스, 2012

다수준 선택론을 포함해서 협력의 진화에 대한 이론들을 잘 정리해 준 책입니다. 이 책의 저자들은 최초의 박테리아 세포에서부터 다세포 생명체를 거쳐 우리 인류에 이르기까지 협력이 있어 왔다고 합니다. 특히 40억 년 지구의 역사에서 협력이 어떤 역할을 해 왔는지 여러 연구를 바탕으로 설득력 있게 보여 줍니다.

● 스티븐 핑커 지음, 「THE FALSE ALLURE OF GROUP SELECTION」, EDGE, 2012. 6. 18.

진화론에서의 논쟁 지점 중 하나를 잘 보여 주는 글인 스티븐 핑커 교수의 '다수준 선택론 비판'입니다. 스티븐 핑커 교수는 인간의 본성을 진화론을 포함해서 여러 관점들로 활발하게 연구하고 있지요. 이 글에서는 특히 인간 사회에 다수준 선택론을 적용할 때 주의할 점들과 다수준 선택론의 문제점들을 짚어 주고 있습니다. 인터넷에서 볼 수 있습니다. (http://edge.org/conversation/the-false-allure-of-group-selection)

4 경쟁은 항상 더 나은 결과를 보장해 주는가?

● 로버트 프랭크 · 필립 쿡 지음, 권영경 · 김양미 옮김, 「승자독식 사회」, 웅진지식하우스, 2008

『경쟁의 종말』을 쓴 저자의 다른 책입니다. 『경쟁의 종말』의 비슷한 논지를 좀 더 다양한 현상을 예로 들어 설명하고 있습니다. 출판사로부터 거액의 계약금을 받는 스타 저술가들, 일반 직원의 몇백 배의 연봉을 받는 CEO, 전 세계 내로라하는 일류 대학교들 등 우리가 선망해 마지않는 것들이 거시적 관점에서는 어떤 문제가 있는지를 친절하게 설명해 줍니다. 입시라는 경쟁 시스템의 영향에서 자유로울 수 없는 청소년들에게 일독을 권합니다.

5 협력은 어떻게 변화를 만들어 내는가?

● **EBS 다큐프라임 「기생 ─ 생명진화의 숨은 고리」, 2013**

기생충이라는 말을 들으면, 흔히 병을 일으키는 징그러운 생물이라는 생각이 들지요? 그런데 이 영상을 보면 기생충에게는 우리가 생각하지 못했던 다양한 모습들이 있음을, 그리고 기생이 생명 진화의 원동력이 될 수도 있다는 것을 알 수 있습니다. 또한 기생충의 생활 방식을 통해 반대로 이와 다른 공생은 무엇인가에 대해서도 곰곰이 생각하게 하는 영상입니다.

● 인용문 출처

협력은 왜 유전자의 이기심에 불과한가?

- 리처드 도킨스 지음, 홍영남 · 이상임 옮김, 『이기적 유전자』, 을유문화사, 2010.
- Buller, David J., "Evolutionary psychology: the emperor's new paradigm," *Trends in cognitive sciences* 9.6 (2005): 277–283.
- Burnstein, Eugene, Christian Crandall, and Shinobu Kitayama, "Some neo–Darwinian decision rules for altruism: Weighing cues for inclusive fitness as a function of the biological importance of the decision," *Journal of Personality and Social Psychology* 67.5 (1994): 773–789.
- Buss, David, *Evolutionary psychology: The new science of the mind*, Pearson, 2012.
- Nowak, Martin A., Corina E. Tarnita, and Edward O. Wilson, "The evolution of eusociality," *Nature* 466.7310 (2010): 1057–1062.

혈연을 넘어선 협력은 가능한가?

- 로버트 액설로드 지음, 이경식 옮김, 『협력의 진화』, 시스테마, 2009.

다른 이를 위한 행동과 마음은 가능할까?

- 엘리엇 소버 · 데이비드 슬로안 윌슨 지음, 설선혜 · 김민우 옮김, 『타인에게로』, 서울대학교출판문화원, 2013.

경쟁은 항상 더 나은 결과를 보장해 주는가?

- 로버트 프랭크 지음, 안세민 옮김, 『경쟁의 종말』, 웅진지식하우스, 2012.
- 애덤 스미스 지음, 김수행 옮김, 『국부론』, 비봉출판사, 2007.

협력은 어떻게 변화를 만들어 내는가?

- 린 마굴리스 지음, 이한음 옮김, 『공생자 행성』, 사이언스북스, 2007.

● 저자 소개

「협력은 왜 유전자의 이기심에 불과한가?」와 「혈연을 넘어선 협력은 가능한가?」을 쓴 조원광 선생님은
사회학을 전공했으며, 수유너머N이라는 연구 단체의 회원입니다. 소비와 권력 같은 현대사회의 여러 현
상에 대해 논문이나 글을 써 왔습니다. 최근에는 진화론과 통계학이 사람들이 생각하고 판단하는 방식에
미치는 영향을 연구하고 있습니다.

「다른 이를 위한 행동과 마음은 가능할까?」을 쓴 황호연 선생님은
학교에서 도시와 통계학을 공부하고 있습니다. 도시 공간을 비롯한 여러 환경과 생물들의 상호작용에 관
심이 있습니다. 서로 다른 관점들을 폭넓게 알아 가면서 좋은 질문을 만들기 위해 노력하고 있습니다.

「경쟁은 항상 더 나은 결과를 보장해 주는가?」를 쓴 김충한 선생님은
학교에서 물리학과 수학을 공부하고 있습니다. 과학이 답할 수 없는 질문을 인문학을 통해 찾아보기, 그
리고 인문학만으로는 할 수 없는 실천을 과학을 통해 만들어 보고자 수유너머N에서 친구들과 공부하고
있습니다.

「협력은 어떻게 변화를 만들어 내는가?」를 쓴 노의현 선생님은
과학 분야의 다양한 연구와 이론들이 어떻게 사회, 정치, 경제 분야들과 만나는지에 관심을 가지고 있습
니다. 지금은 꼭 학교에 가지 않고도 재미있고 깊이 있는 공부를 할 수 있는 방법을 찾기 위해 수유너머N
에서 다양한 시도들을 하고 있습니다.

그림을 그린 **박정은** 선생님은
영국 센트럴 세인트 마틴 대학에서 그림을 공부하고 어린이 책과 잡지 등에 그림을 그려 왔습니다. 「잊지 마, 넌
호랑이야」 「문화편력기」 「꽃 같은 시절」 「뭐? 공부가 재밌다고?」 「대화편, 플라톤의 국가란 무엇인가」 「쿠바 알 판
판 알 비노 비노」 등에 그림을 그렸습니다. 동물 관찰하는 것을 좋아하고, 동물 그리기도 잘합니다.

사진 제공
사이언스북스, 서울대학교출판문화원, 시스테마, 웅진지식하우스, 을유문화사, Indiana University, Robert
Axelrod's Home Page, University of Wisconsin, Wikimedia Commons

진화와 협력, 고전으로 생각하다

2016년 5월 2일 제1판 1쇄 인쇄
2016년 5월 10일 제1판 1쇄 발행

지은이   수유너머N
그린이   박정은
펴낸이   김상미, 이재민

편집   김세희
디자인기획   민진기디자인

종이   다올페이퍼
인쇄   청아문화사
제본   광신제책

펴낸곳   너머학교
주소   서울시 종로구 자하문로 100-1 청운빌딩 201호
전화   02)336-5131, 335-3366, 팩스 02)335-5848
등록번호   제313-2009-234호

너머북스와 너머학교는 좋은 서가와 학교를 꿈꾸는 출판사입니다.